MARÍA EN LA FE CATÓLICA

"Contemplar María es contemplar la Palabra de Dios en la persona que vive en plena sintonía con esta Palabra. Recomiendo este libro a todos que quieren conocer y entender más la doctrina y devoción católica sobre la Virgen Madre de Dios, el regalo de Jesus a su pueblo, nuestra Madre quien nos acompaña siempre con su amor y oraciones."

Obispo Kevin C. Rhoades
Obispo de Fort Wayne–South Bend

"Este libro enciclopédico y a la vez popular sobre María esta escrito desde la experiencia cotidiana de los devotos Católicos, documentos claves de la iglesia, y de las ricas percepciones tradicionales de la espiritualidad mariana. Matovina sabe como enseñar al creyente buscando profundizar su fe e al no-creyente deseando entender el papel tan significante que María tiene en la vida de fe de la iglesia. Los lectores de esta obra encontraran mas amor y devoción a María como nuestro modelo de fe. Esta obra nos inspira y nos da retos para descubrir con María un sentido mas profundo de nuestro discipulado en Cristo. Felicito a la excelente "Recursos series" por incluir esta obra sobre María que se encontrara valiosa para nuestros grupos de estudio en la parroquia. Es una contribución importante para la formación de adultos en la fe.

Rev. Arturo José Bañuelas
Parroquia de San Marcos
El Paso, Texas

"Este recurso excepcional refleja la experiencia de vida en la pastoral hispana, aguda perspicacia, y sabiduría de Timoteo Matovina. Escrito en un estilo genial con un método contextual, teológico y pastoral, la obra desarrolla la materia de modo que promueve el diálogo de la sagrada escritura, teología y espiritualidad con la presencia poderosa de María en la vida diaria de los latinos."

Allan Figueroa Deck, S.J.
Estudioso Distinguido de Teología Pastoral y Estudios Latinos
Universidad de Loyola Marymount

MARÍA EN LA FE CATÓLICA

TIMOTEO MATOVINA

Ave Maria Press AVE Notre Dame, Indiana

Nihil Obstat: Obispo Kevin C. Rhoades
Censor Librorum

Imprimatur: Obispo Kevin C. Rhoades
Obispo de Fort Wayne–South Bend
19 de octubre de 2018

Las citas bíblicas provienen del texto *El Libro del Pueblo de Dios: La Biblia*, Buenos Aires, AR: Editorial San Pablo, 1990.

La editorial Ave Maria Press, fundada en 1865, es un ministerio de la Provincia de los Estados Unidos de la Congregación de la Santa Cruz.

www.avemariapress.com

Libro de bolsillo: ISBN-13 978-1-59471-921-9

Libro electrónico: ISBN-13 978-1-59471-922-6

Foto de la portada: © ruzanna/Getty Images

Diseño de la portada y de texto: Andy Wagoner

Impreso y encuadernado en los Estados Unidos de América.

Índice

Introducción

La Santísima Virgen María es nuestro modelo en la fe, nuestra intercesora y la madre que nos acompaña a lo largo de la vida. Este libro presenta la doctrina fundamental sobre María en los Evangelios, en los dogmas marianos y en las enseñanzas contemporáneas de la Iglesia Católica. También analiza su papel en la liturgia, en la devoción y en la espiritualidad hispana.

Para ayudar a profundizar en el tema cada capítulo incluye textos para estudiar y meditar, además de preguntas para reflexionar y discutir. A todos los lectores que compartirán conmigo el contenido de estas páginas, les hago llegar mi afectuosa bienvenida. Que Dios y su Madre Santísima nos acompañen, y que nuestro compartir nos anime a conocer más a María, a amarle de corazón y a caminar con ella como fieles discípulos de su hijo Jesucristo.

1

María en los Evangelios

Comencemos nuestra reflexión con los textos cristianos más antiguos en que se habla de María: los Evangelios de Marcos, Mateo, Lucas, Hechos y Juan. Los Evangelios son testimonios de quién fue Jesús, qué enseñó e hizo y, sobre todo, del poder salvador de su vida, muerte y resurrección. Debemos tener presente que se escribieron sobre todo para contar la Buena Nueva de Jesucristo, por tanto, lo que se dice de María está subordinado a un fin más amplio: decirnos quién fue su Hijo. Como explica el *Catecismo de la Iglesia Católica*, "Lo que la fe católica cree acerca de María se funda en lo que cree acerca de Cristo, pero lo que enseña sobre María ilumina a su vez la fe en Cristo" (núm. 487). En este capítulo contemplaremos el retrato único de María en cada Evangelio y después concluiremos con algunas observaciones sobre lo que los cuatro Evangelios nos dicen en conjunto sobre ella.

Marcos: la Madre preocupada

Marcos solo tiene dos pasajes que hablan de la Madre de Jesús. Desde el punto de vista católico, el primero es el texto más inesperado sobre María en toda la Biblia (cf. *Mc* 3,20–35). Jesús, sus discípulos y una gran multitud estaban reunidos en una casa en Cafarnaúm "Cuando sus parientes se enteraron, salieron para llevárselo, porque decían: 'Es un exaltado'" (v. 21). Si bien el versículo no aclara quiénes eran estos familiares, Marcos sobreentiende que María era uno de ellos, como afirma a continuación: "Entonces llegaron su madre y sus hermanos, y, quedándose afuera y lo mandaron a llamar" (v. 31). Un poco más adelante analizaremos el tema de los "hermanos" de Jesús, por ahora, anotemos simplemente que cuando se le dice a Jesús que su Madre está ahí para verlo, Él no va a recibirla, sino que responde: "¿Quién eso mi madre y quiénes son mis hermanos?" (v. 33). Después, mira a todos los discípulos que estaban a su alrededor y dice "Estos son mi madre y mis hermanos. Porque todo el que hace la voluntad de Dios es hermano y hermana y madre mío" (vv. 34–35).

El objetivo de Marcos no es decirnos todo acerca de la relación entre Jesús y su Madre, sino que quiere hacer énfasis en la enseñanza de Jesús de que todo el que hace la voluntad de Dios es un miembro de la familia de Jesús. Tomado el pasaje en su totalidad, hay tres grupos distintos: los miembros de su familia que creen que se ha vuelto loco, algunos escribas que sostienen que está poseído por un demonio y los discípulos que están reunidos a su alrededor como su familia. Así, el pasaje presenta tres formas de responder a Jesús y a su mensaje. Subraya que no es la relación de sangre con Él, sino hacer la voluntad de Dios, lo que nos hace formar parte de su familia. Esto no excluye a María de ser parte de la "verdadera" familia de Jesús, pero sí nos informa que, incluso para la propia Madre de Jesús, seguir la voluntad de Dios era esencial. Como afirmó san Agustín de forma sucinta, "significa más para ella, y es en general una mayor gracia, haber sido discípulo de Cristo que haber sido madre de Cristo".

Marcos 6,1–6 presenta la tristeza de Jesús por la gente de Nazaret, cuya fe en Él era tan escasa que solo pudo realizar algunos pocos milagros entre ellos. En respuesta a la predicación de Jesús en la sinagoga el sábado, Marcos nos informa que la gente del lugar decía: "¿No es acaso el carpintero, el hijo de María, hermano de Santiago, de José, de Judas y de Simón? ¿Y sus hermanos no viven aquí entre nosotros? (v. 3). En este versículo hay dos detalles: es el único versículo de toda la Biblia que nos dice que Jesús era un carpintero y el único versículo en que se llama a Jesús "hijo de María". En los siglos posteriores, muchos comentaristas católicos de este texto han sugerido que Jesús es llamado solo hijo de María porque José ya había muerto cuando Jesús inició su vida pública.

Otro elemento del texto —la afirmación de que Jesús tenía "hermanos" y "hermanas"—se encuentra también en otros pasajes del Nuevo Testamento. Los Evangelios fueron escritos originalmente en griego y la palabra griega usada aquí es *adelphos*, que puede significar "hermano de sangre", pero que también puede ser un primo, otro familiar o un vecino. La ambigüedad del término en este y en otros pasajes del Nuevo Testamento hace imposible saber qué tipo de relación tenía Jesús con esas personas. Las interpretaciones católicas tradicionalmente han establecido que se trataba de familiares o algún otro tipo de relación, pero no de hermanos de sangre. La Iglesia actualmente enseña que no fueron hermanos carnales, por nuestra creencia que María fue siempre virgen.

Marcos tiene menos textos sobre María que cualquier otro Evangelio. Y en general presenta a María como una madre preocupada por su hijo; pero su idea fundamental es que, incluso para la Madre de Jesús, lo más importante no es tener una relación de sangre con el Hijo de Dios, sino seguir su ejemplo y su mandamiento de cumplir la voluntad del Padre.

Mateo: José su esposo

Dos de los cuatro Evangelios, Mateo y Lucas, nos narran la historia del nacimiento de Jesús. Mateo, en sus narraciones de la infancia de Jesús, presta más atención a José que a María. Mateo nos cuenta la decisión de José de repudiar a María en secreto después de tener conocimiento de su embarazo y luego viene una serie de tres sueños en los que el Señor le dice a José: que acepte a María como su esposa y que le ponga por nombre al niño, Jesús; que huya con su familia a Egipto para que el rey Herodes no pueda matar al niño; y, más tarde, que vuelva una vez que Herodes haya muerto.

Pero las narraciones de Mateo sobre la infancia (cap. 1–2) también hablan de María claramente de diversas maneras. El Evangelio se abre con una genealogía de Jesús, que va desde Abraham hasta Él. Un elemento de esta genealogía que llama mucho la atención por ser poco frecuente en el judaísmo y cristianismo del siglo I, es que incluye los nombres de cinco mujeres: Tamar, Rahab, Rut, Betsabé (la esposa de Urías) y María. Todas estas mujeres tenían situaciones maritales irregulares y llegaron a la línea de ascendencia de Jesús de maneras inesperadas. Rahab y Rut eran gentiles, por ejemplo, y Bestabé fue la mujer con la que David cometió adulterio. Pero ninguna de sus situaciones maritales es más irregular e inesperada que la de la misma María: "Jacob fue padre de José, el esposo de María, de la cual nació Jesús, llamado Cristo" (*Mt* 1,16). Al decir que José era el esposo de María, pero *no* el padre de Jesús, Mateo vincula a Jesús con David y otros líderes de Israel a través de la ascendencia de José, pero nunca afirma que este fuera su padre biológico.

El siguiente pasaje (*Mt* 1,18–25), que narra el nacimiento de Jesús, abunda sobre este importante detalle de la genealogía. Ya comprometidos en matrimonio, pero antes de que José y María vivieran juntos como esposo y esposa, ella "concibió un hijo por obra del Espíritu Santo" (v. 18). José había decidido repudiarla en secreto hasta que el ángel del Señor se le apareció en un sueño. En el sueño, el ángel se dirige a José como "hijo de David" (v. 20), indicando que el niño que está por nacer recibirá de José la línea de ascendencia davídica. El niño va a nacer de María, pero no de José, pues "está esperando por obra del Espíritu Santo" (v. 20). Y se le indicó a José: "lo llamarás Jesús" (v. 21). En la tradición judía el acto formal de imponer un nombre significaba que José aceptaba al niño como propio y que la línea de sucesión davídica llegaba hasta Él. Este pasaje concluye con la afirmación "Y sin que hubieran tenido relaciones, dio a luz un hijo" (v. 25), confirmando la enseñanza de Mateo sobre el nacimiento virginal de Jesús.

Algunas interpretaciones sostienen que, dado que Mateo afirma que María y José no tuvieron relaciones matrimoniales *antes* del nacimiento de Jesús, se está afirmando implícitamente que las tuvieron después. De hecho, Mateo incluye el mismo texto sobre los "hermanos" y "hermanas" de Jesús que ya hemos visto en Marcos. Pero, de la misma forma que la palabra *adelphos* es ambigua, tampoco este texto dice claramente si María tuvo o no otros hijos. Simplemente no es una preocupación de Mateo informarnos sobre la virginidad perpetua de María (un dogma católico del que hablaremos en el segundo capítulo de este libro). Más bien, en este primer capítulo y a lo largo de su Evangelio, Mateo centra su atención en Cristo: quiere explicar qué Jesús es el Hijo de Dios, incluso la forma en que fue concebido es una prueba de su origen divino.

El *Catecismo de la Iglesia Católica* lo dice así: "Los Padres [de la Iglesia] ven en la concepción virginal el signo de que es verdaderamente el Hijo de Dios el que ha venido en una humanidad como la nuestra" (núm. 496). Es importante notar que Mateo cita Isaías 7,14 en referencia al nacimiento de Jesús, diciendo que este dio cumplimiento a la profecía de que "La virgen concebirá y dará a luz un hijo, y le pondrán por nombre Emmanuel, que significa: 'Dios-con-nosotros'" (*Mt* 1,23). En una palabra, el primer capítulo de Mateo afirma que Jesús era el unigénito del Espíritu Santo y parte de la línea davídica a través de su padre putativo José. Aunque se hace más énfasis en las acciones de José que en las de María, Mateo también presenta el papel de María como la virgen que dio a luz a Jesús.

El segundo capítulo de Mateo también nos dice más sobre José que sobre María, cuyo nombre se menciona solo una vez cuando los Magos llegaron a presentar sus dones de oro, incienso y mirra: "Al entrar a la casa vieron al niño con María, su madre" (*Mt* 2,11). Pero en cuatro versículos que hablan de la huida a Egipto y el posterior regreso, Mateo habla del niño y su madre (cf. *Mt* 2,13–14,20–21). Las repetidas referencias presentan la cercanía de María y Jesús, especialmente en tiempos de peligro, y subrayan el amor maternal de María. La mayor enseñanza de Mateo sobre María es que fue el instrumento de Dios para que Jesús pudiera nacer del Espíritu Santo por medio de un nacimiento virginal. Pero incluso esta vocación tan particular y maternal no le ahorró las exigencias propias del discipulado: creer en Jesús y hacer la voluntad del Padre.

Lucas y Hechos: María, modelo de discípulo

El Evangelio de Lucas es el texto del Nuevo Testamento que más información nos ofrece sobre María. Sus relatos de la infancia de Jesús son los Misterios Gozosos del Rosario: la Anunciación (1,26–38), la Visitación con el Magníficat (1,39–56), el Nacimiento de Jesús con la visita de los pastores (2,1–20), la Presentación (2,22–40) y Jesús perdido y hallado en el Templo (2,41–52). Desde el inicio hasta el final, Lucas presenta a María como al primer discípulo y como el modelo al que todos nosotros debemos imitar.

Los primeros dos capítulos de Lucas comparan el nacimiento de Juan el Bautista con el nacimiento de Jesús: la anunciación a Zacarías (el padre de Juan el Bautista) y la anunciación a María; el cántico de María y el cántico de Zacarías; el nacimiento y la subsiguiente circuncisión de los dos hijos. En cada caso, los eventos maravillosos que rodean al nacimiento del Bautista son superados por los hechos todavía más maravillosos del nacimiento de Jesús. El primer pasaje en que aparece María, la Anunciación, no es la excepción a este esquema. Mientras un ángel del Señor anuncia el nacimiento de Juan a Zacarías, a pesar de que su esposa Isabel era estéril y la pareja era ya de avanzada edad, el ángel que se le aparece a María le anuncia algo todavía más increíble: "El Espíritu Santo descenderá sobre ti y el poder del Altísimo te cubrirá con su sombra; por eso el niño santo que nacerá de ti será llamado Hijo de Dios" (*Lc* 1,35). Como en Mateo, el mensaje más importante de este y otros pasajes de la infancia de Jesús es cristológico. Lucas está demostrando cómo, desde el momento de su concepción, el poder creador de Dios estaba actuando en Jesús.

Pero al mismo tiempo Lucas introduce con este texto el papel de María en el Plan de Salvación. Lo que llama la atención de la respuesta de María al ángel es la profundidad y firmeza de su fe. En la Biblia, no hay otra escena de vocación en la que la persona llamada dé un consentimiento verbal tan directo como el que da María. Lucas la presenta, no solo como el instrumento de Dios para el nacimiento de Jesús, el Hijo del Altísimo, sino también como la que pronuncia su famoso *fiat*: "Yo soy la servidora del Señor, hágase en mí tal como has dicho" (*Lc* 1,38). Para Lucas, María es el primer discípulo cristiano, la primera en recibir la Buena Nueva. Como en Mateo y Marcos, en Lucas Jesús afirma durante su vida pública que los verdaderos miembros de su familia son los que escuchan la Palabra de Dios y la cumplen. Pero desde el mismo inicio de su Evangelio, explica que María es tanto miembro de la familia *como* creyente. Presenta a María como la llena de bendiciones, no solo porque ha sido llamada a ser la Madre de Jesús, sino incluso más por la fe valiente con la que aceptó la voluntad de Dios y su llamada. Es un modelo para todos los creyentes porque, como discípula, basta la Palabra de Dios para provocar en ella una respuesta de fe.

Este tema de fondo continúa en el siguiente pasaje de la Visitación, un pasaje llamativo que revela los vínculos de fraternidad entre María e Isabel, su familiar más anciana. Lucas presenta a Isabel como si supiera de antemano que María es "la madre de mi Señor" (*Lc* 1,43). Declara a María como bendita entre las mujeres y además afirma que el fruto de su vientre es bendito. Añade: "¡Dichosa tú por haber creído que se cumplirían las promesas del Señor!" (*Lc* 1,45). María, en otras palabras, es bendita tanto por su llamada a ser Madre de Dios como por su respuesta llena de fidelidad a esa llamada.

La respuesta de María a la visita de los pastores y el incidente en que ella y José encuentran a Jesús en el Templo, revelan que ella es también un modelo de discipulado. En ambos casos, Lucas nos dice que María guardaba todas estas cosas en su corazón y reflexionaba en su significado más profundo, especialmente en relación con Jesús y su futuro (*Lc* 2,19,51). Lucas no presenta a María como alguien que tiene una comprensión completa de estos hechos, sino más bien como alguien que ha meditado piadosamente en su papel dentro del Plan de Salvación. Cuando le pregunta a Jesús por qué los había dejado, mientras José y ella lo buscaban llenos de angustia, este responde: "¿No saben que yo debo estar donde mi Padre?" (*Lc* 2,49). La distinción entre la preocupación por su familia terrena y la familia formada por quienes creen en su Padre Celestial nos recuerda que María tuvo que escoger también si iba a estar entre los que abrazaban o rechazaban el mensaje de Jesús. Su aceptación en la fe le exigió reconocer que los vínculos familiares son importantes, pero no tan importantes como seguir la Palabra de Dios.

María no es mencionada por su nombre durante la vida pública de Jesús en el Evangelio de Lucas, pero su ejemplo como modelo de discípulo sigue siendo resaltado. Lucas presenta en su Evangelio un texto único en el que una mujer grita, "¡Feliz la que te dio a luz y te amamantó!" (*Lc* 11,27). Pero Jesús no ve la grandeza de María principalmente en su llamado a ser su madre. En vez de ello, alaba la gran fe con que respondió a Dios: "¡Felices [...] los que escuchan la palabra de Dios y la observan!" (*Lc* 11,28).

Lucas fue también el autor del libro de los Hechos de los Apóstoles, por tanto, la última vez que habla de María es después de la Ascensión, cuando se reúne en oración con los otros discípulos en el cuarto de arriba en Jerusalén (cf. *Hch* 1,14).

Con la presencia de María en el nacimiento de la Iglesia en Pentecostés, Lucas nos dice quiénes estaban con ella habitualmente. Estuvo presente al inicio de la vida de Jesús y lo está también al inicio de la vida de la Iglesia. Termina precisamente en el mismo lugar en que se encontraba en la Anunciación: como discípulo fiel que recibe la fuerza del Espíritu Santo y que cumple la voluntad de Dios en su vida.

Juan: icono y Madre de la comunidad de fe

Juan nunca menciona a María por su nombre, pero tiene dos pasajes muy importantes sobre ella, dos pasajes que solo se encuentran en este Evangelio: las bodas de Caná (2,1–11) y la escena al pie de la cruz (19,25–27). A lo largo de la historia, ambos pasajes han sido interpretados de diversas maneras por teólogos, estudios bíblicos y la piedad popular. Las frases "Hagan lo que él les diga" (2,5), "Mujer, ahí tienes a tu hijo" (19,26) y al discípulo amado "Ahí tienes a tu madre" (19,27) son tres frases densas de contenido. Desde la perspectiva del Evangelio de Juan, conviene notar que las dos veces en que la Madre de Jesús aparece desempeñando un papel importante es al inicio de su vida pública y en el momento culminante de su muerte en la cruz. También se debe notar que, cuando su madre le comenta que "No tienen vino", Jesús responde, "¿Qué quieres de mí, Mujer? Aún no ha llegado mi hora" (*Jn* 2,4–5). En el lenguaje simbólico de Juan, la "hora" de Jesús es el momento de su glorificación final, como Juan lo deja ver claramente en el versículo con el que comienza el relato de la Pasión: "Antes de la fiesta de Pascua, supo Jesús que le había llegado la hora de salir de este mundo para ir al Padre" (*Jn* 13,1). Por último, también es importante anotar que Juan es el único evangelista que habla de la presencia de María en el momento de la crucifixión.

En su conjunto, estas observaciones nos muestran una interpretación de Juan sobre la madre de Jesús. En las bodas de Caná le dice que su "hora" aún no ha llegado, sugiriendo que su misión apenas ha comenzado y que aún no ha sido completamente revelada. Así, ella puede ser vista como un símbolo de la comunidad de los discípulos que en este punto, en Juan, están apenas comenzando su camino de fe. Sin embargo, el texto dice que su Madre insiste y lo convence de que comience ya su vida pública la cual lo conducirá a su *hora*.

La asociación de María con la hora de la glorificación de Jesús es por tanto particularmente evidente al pie de la cruz. Para el evangelista Juan, este es el momento clave en el que Jesús estaba entrando ya en su gloria, y es por eso significativo que precisamente en este momento Jesús confíe a su Madre y al discípulo amado el uno al otro. Así, uno de los últimos actos de Jesús fue crear una familia de discípulos que no estuviera basada en los vínculos de la sangre, sino en los vínculos de la fe. En el siguiente versículo (19,28), Juan nos dice que Jesús supo "que todo estaba cumplido", es decir, había llegado no solo al momento de su glorificación, sino que también había cumplido la tarea de dejar tras de sí una comunidad de discípulos con su Madre como primer miembro y el más representativo. Por esta razón, para Juan, María siempre es vista como la madre de Jesús, pero es recordada sobre todo por su discipulado, en particular, su presencia como verdadera creyente al pie de la cruz: es la Madre y modelo de los cristianos, los cuales sirven a los demás como testigos de Jesús después de su glorificación.

Conclusión

Nuestro breve estudio de la forma en que cada evangelista ve a María nos lleva al menos a tres conclusiones. La primera es que, así como los escritores de los Evangelios presentan a Jesús de diferentes perspectivas, también lo hacen con María, la cual va desde la madre preocupada en el Evangelio de Marcos hasta su presentación como modelo de discípulo en Lucas y Juan. La segunda es que tanto Mateo como Lucas afirman el nacimiento virginal de Jesús. Estos textos no hablan en primer lugar y sobre todo de la virginidad de María, sino de la divinidad de Jesús, la cual queda de manifiesto con la maravillosa forma en que se llevó a cabo su concepción. Por último, en su conjunto, los cuatro Evangelios revelan que María era la madre de Jesús, la esposa de José, una mujer del siglo I que vivía con devoción su fe judía y una persona cuya vida era un camino de fe. En resumen, lo que los Evangelios ofrecen a los creyentes de nuestro tiempo es una presentación de María como modelo de discípulo y como modelo de la Iglesia: una mujer que guarda las cosas de Dios en su corazón, escucha la Palabra de Dios y la pone en práctica, y es símbolo de la comunidad cristiana llamada a dar testimonio de la cruz y de la glorificación de su hijo Jesucristo.

Textos para estudiar y meditar

1. Marcos 3,20–35; 6,1–6

2. Mateo 1–2; 12,46–50; 13,54–58

3. Lucas 1–2; 3,23; 8,19–21; 11,27–28

4. Hechos de los Apóstoles 1,14

5. Juan 2,1–12; 19,25–27

Preguntas para reflexionar y discutir

1. ¿Has tenido alguna experiencia personal de la presencia de María en tu vida? Si has tenido varias, ¿cuál de ellas te ha tocado más?

2. ¿Cuál texto sobre María en los Evangelios te llama más la atención? ¿Por qué?

3. ¿Qué es lo principal que los Evangelios nos enseñan sobre María?

4. ¿Cómo nos ayudan los testimonios de la Escritura sobre María a vivir la fe en nuestra vida cotidiana?

2

Los dogmas marianos

La revelación de Dios no se encuentra exclusivamente en la Biblia, sino también en la enseñanza de la Iglesia que interpreta la revelación bíblica. Ya hemos estudiado lo que los Evangelios nos enseñan acerca de María, por tanto, en este capítulo examinaremos María en los dogmas, es decir, en las verdades reveladas que creemos y por las cuales alabábamos y glorificamos a Dios. La Iglesia católica romana afirma cuatro dogmas marianos: María como Madre de Dios, su virginidad perpetua, la Inmaculada Concepción y la Asunción. Procederemos en orden cronológico según la fecha en que se proclamó formalmente cada dogma, aunque es importante tener presente que la fecha en que un dogma se proclama formalmente *no* quiere decir que esa sea la primera vez que se celebra ese dogma o que se cree en él. La Inmaculada Concepción y la Asunción, por ejemplo, no se declararon como enseñanzas católicas sino hasta los últimos siglos, pero se cree en ellos desde siglos antes. Esta presentación mostrará los elementos principales de cada dogma así como sus implicaciones para la fe en nuestros días.

Theotokos (Madre de Dios)

El Concilio de Éfeso, un concilio ecuménico o una reunión mundial de obispos, declaró solemnemente en el año 431 que: "Si alguien no confesara que Emanuel es el mismo Dios y que, por lo tanto, la Santa Virgen es la Madre de Dios, en cuanto en la carne llevó la Palabra de Dios hecha carne [como está escrito, 'La Palabra fue hecha carne']: dejadlo ser anatema". Que los padres del concilio declararan como anatema o excomulgado a quien no profesara la fe en María como Madre de Dios, reflejaba el debate de la Iglesia de los primeros siglos sobre la humanidad de Jesús y la unidad de sus naturalezas humana y divina. Como sucede en los pasajes de los Evangelios de Mateo y Lucas sobre la infancia de Jesús, así también el primer dogma mariano en definirse surgió principalmente por la necesidad de entender a su Hijo Jesucristo más profundamente.

Cirilo de Alejandría fue la figura que explicó al Concilio de Éfeso por qué María debía ser considerada *Theotokos*, la palabra en griego que significa Madre de Dios. La creencia cristiana de que Jesús fue verdaderamente Dios y verdaderamente humano—uno igual a nosotros en todo, excepto en el pecado—significa que María fue también la Madre de Dios. Solo hay una persona, un sujeto en Cristo y María es la madre de esa persona que simultáneamente es humana y divina. Así, el título *Theotokos* refleja la maravilla de la Encarnación y, en definitiva, la profunda humildad de Dios, que nació tan vulnerable como cualquiera de nosotros y fue completamente dependiente de su madre y de la comunidad humana, en sentido amplio, para sobrevivir.

La declaración de que María es *Theotokos* también subraya que la grandeza de María está no solo en haber sido elegida para ser la Madre de Dios, sino también en que tuvo la fe necesaria para aceptar su vocación. Al darle a María el título de Madre de Dios, celebramos su inmenso acto de fe. Además, no vemos la llamada de Dios y la valiente aceptación de la misma por parte de María como dos realidades distintas, sino como dos misterios de la gracia inseparables, que nos llevan a una contemplación más profunda de la colaboración humano-divina a la que Dios invitó a María y a la que nos invita a cada uno de nosotros.

Para los católicos de hoy en día, el título de Madre de Dios es un dogma en el sentido propio del término. Es decir, esta frase no es solo una afirmación de lo que Dios nos ha revelado, sino una alabanza a las maravillosas obras de Dios. Consciente o inconscientemente decimos esta frase frecuentemente en la liturgia y en nuestras oraciones. Las oraciones de la celebración eucarística usan este título en el culto de la Iglesia. El avemaría termina con la frase "Santa María, Madre de Dios, ruega por nosotros pecadores . . .". Litúrgicamente, la Solemnidad de la Madre de Dios ha sido celebrada desde hace mucho cada primero de enero, al final de la octava de Navidad. Celebrar esta fiesta ocho días después de Navidad subraya su relación íntima con el nacimiento de Cristo, así como el papel de María en la Encarnación y en la historia de la Salvación. La fiesta subraya nuestra necesidad como católicos de alabar a Dios por el don de María la Madre de Dios y de comprender las implicaciones más profundas de esa frase para nuestra vida cotidiana como discípulos de Cristo.

Siempre virgen

El escrito que más influyó para que se afirmara en los fieles la creencia en la perpetua virginidad de María, fue el protoevangelio de Santiago, el cual data del siglo II. Atribuido a Santiago, que es mencionado como "hermano" de Jesús en los Evangelios, el texto se centra en el nacimiento de María y en su vida hasta la infancia de Jesús. Llegó a ser popular entre los primeros cristianos y es la fuente de muchos elementos de la devoción mariana que no se encuentran en el Nuevo Testamento. Por ejemplo, el protoevangelio dice que Joaquín y Ana eran los padres de María. También dice que Santiago y sus hermanos eran hijos de José de un matrimonio previo, que José era viudo cuando se casó con María y que María permaneció virgen después de concebir a Jesús. Hay importantes interpretaciones de obispos y teólogos que también afirman la virginidad perpetua de María.

Conforme el tiempo pasó, María también llegó a ser vista como el modelo de todos aquellos que son llamados a la castidad en la vida monástica. Su virginidad fue vista no solo como un estado físico de celibato, sino como una disposición espiritual para ser fiel a Dios con corazón indiviso y total disponibilidad. El Concilio Lateranense (649) proclamó que la enseñanza de la perpetua virginidad de María desarrollada por los primeros padres de la Iglesia, era parte de la doctrina católica:

> Si alguno no confiesa, de acuerdo con los Santos Padres, propiamente y según verdad por madre de Dios a la santa y siempre Virgen María, como quiera que concibió en los últimos tiempos sin semen por obra del Espíritu Santo al mismo Dios Verbo propia y verdaderamente, que antes de todos los siglos nació de Dios Padre, e incorruptiblemente

> le engendró, permaneciendo ella, aun después del parto, en su virginidad indisoluble, sea condenado.

La enseñanza católica actual explica que el dogma de la perpetua virginidad de María tiene implicaciones tanto para la vida en celibato como para la vida matrimonial. El Papa Pablo VI escribió en su exhortación apostólica *Marialis Cultus* (1974) que la virginidad de María "no fue un acto de cerrarse a algunos de los valores del estado matrimonial . . ." (núm. 37). El teólogo Karl Rahner sostenía que, ya sean casados o solteros, todos los cristianos en cierto modo deben imitar la virginidad de María. Debemos renunciar incluso a las cosas buenas de este mundo para expresar nuestra creencia de que, junto a Dios, todo es secundario. En otras palabras, así como María decidió renunciar a la belleza del don del amor conyugal—querido por Dios—nosotros también estamos llamados a proclamar, al abstenernos de algunos bienes de la creación, que solo importa la gracia de Dios. Esto sucede, por ejemplo, todos los años con las prácticas del tiempo de Cuaresma.

Al reflexionar en el dogma de la virginidad de María y en el lugar que ocupó en el Plan de Salvación, el *Catecismo de la Iglesia Católica* afirma que "La virginidad de María manifiesta la iniciativa absoluta de Dios en la Encarnación" (núm. 503). Esta afirmación muestra cómo la gracia de Dios permea toda la vida de María. También sugiere que, ya sean casados o solteros, cuando proclamamos el dogma de la perpetua virginidad de María, alabamos las maravillas obradas por Dios en la vida de María y nos comprometemos a imitar su colaboración con la iniciativa divina, colocando a Dios por encima de todo, incluso de las cosas buenas de la creación.

La Inmaculada Concepción

La Inmaculada Concepción es un claro ejemplo de cómo la devoción popular tiene tanta influencia para definir un dogma como los debates teológicos. La fe de los fieles en la Inmaculada Concepción comenzó en los primeros siglos del cristianismo y se extendió todavía más durante la Edad Media, una era en que la devoción mariana, las peregrinaciones y apariciones proliferaron. Hay tres apariciones que están vinculadas de manera particular con la Inmaculada Concepción: a santa Brígida de Suecia (1373), a santa Catalina Labouré (1830) y a santa Bernadette en Lourdes (1858).

En los tres casos, las videntes afirmaron que María les había confirmado la doctrina de la Inmaculada Concepción cuando se les había aparecido; en Lourdes esto sucedió cuatro años después de que la doctrina hubiera sido proclamada oficialmente por el Papa Pío IX. Los líderes de la Iglesia también respaldaron la doctrina de la Inmaculada Concepción. El Papa Sixto IV aprobó la fiesta litúrgica de la Inmaculada Concepción en 1476. Después el Concilio de Trento (1545–1563) decretó que todos los seres humanos habían nacido con el pecado original, excepto María.

Los teólogos que apoyaron la doctrina de la Inmaculada Concepción tenían que afrontar una cuestión importante: si Jesús es el salvador de todos los seres humanos, incluso de su Madre, ¿cómo podía haber sido ella concebida sin pecado antes de que Cristo muriera en la cruz y resucitara de entre los muertos para nuestra redención? Los teólogos más influyentes que respondieron a esta pregunta y promovieron la fe en la Inmaculada Concepción fueron franciscanos, especialmente los teólogos de la Edad Media Juan Duns Scoto y su maestro Guillermo de Ware. Entre otros argumentos, propusieron la idea de la redención preventiva, es decir: María fue salvada por el acto redentor de Cristo y por una gracia especialísima, pues el poder redentor de su pasión, muerte y resurrección la preservó del pecado por la fe.

Así afrontaron el dilema teológico de cómo se podía afirmar al mismo tiempo que María había sido salvada por Cristo y que había sido concebida sin pecado. Los dos franciscanos también sostenían que, como la Inmaculada Concepción no contradice las Escrituras ni el Magisterio de la Iglesia y dado que Dios querría siempre para María las bendiciones y gracias más excelsas, entonces era probable que Dios no solo hubiera santificado a María en el seno materno, sino desde la misma concepción.

Esta devoción y fe en la Inmaculada Concepción estaba ya muy difundida para el momento en que el Papa Pío IX la declaró dogma católico en la fiesta de la Inmaculada Concepción (8 de diciembre), en 1854. La declaración del Papa *Ineffabilis Deus* afirma que:

> Por el honor de la santa e íntegra Trinidad, por el honor y renombre de la Virgen Madre de Dios, por la exaltación de la fe Católica y el incremento de la religión, por la autoridad de nuestro Señor Jesucristo, por la autoridad de los bienaventurados apóstoles Pedro y Pablo, y por nuestra propia autoridad, declaramos, pronunciamos y definimos: la doctrina que mantiene que la Santísima Virgen María fue preservada de toda mancha de pecado original en el primer instante de su concepción por singular gracia y privilegio de Dios omnipotente, en atención a los méritos de Jesucristo Salvador del género humano, es una doctrina revelada por Dios y, por lo tanto, debe ser firme y constantemente sostenida por todos los fieles.

Para ser más claro, la doctrina de la Inmaculada Concepción trata de la concepción de María sin pecado original en el seno de su madre Ana, como opuesta a la concepción virginal, que está relacionada con la concepción de Jesús por María, por obra del Espíritu Santo. Aun así, la declaración formal de este dogma deja claro que Cristo sigue siendo el Salvador de la humanidad, porque el Papa Pio IX dijo que la "singular gracia y privilegio" de la Inmaculada Concepción de María no fue concedida separada de Cristo, sino que es uno de "los méritos de Jesucristo Salvador del género humano".

Para los católicos, este dogma tiene un valor particular por lo que nos dice acerca del poder y gratuidad absoluta del amor de Dios. Tan grande es el amor de Dios, que María recibió la gracia salvadora de Dios incluso antes de nacer, en el momento de su concepción. El *Catecismo de la Iglesia Católica* nos dice: "A lo largo de los siglos, la Iglesia ha tomado conciencia de que María 'llena de gracia' por Dios (*Lc* 1,28) había sido redimida desde su concepción" (núm. 491). Confesar el don de la gracia de Dios dado a María nos ayuda a entender con mayor profundidad el inmenso amor que Dios nos ofrece. La Inmaculada Concepción de María nos revela que Dios hace grandes maravillas en nosotros, incluso antes de que le respondamos en la fe. Es un dogma que nos invita a tener un sentido de reverencia más profundo ante el maravilloso amor de Dios que se nos muestra, primero y ante todo, en la redención de María, pero también en la redención que el Señor nos ofrece a nosotros mismos. La fiesta de la Inmaculada Concepción y las oraciones relacionadas con ella son ocasiones para alabar a Dios por la gracia inmerecida y admirable misericordia que Dios ha ofrecido libremente, no solo a María, sino a todos nosotros para que alcancemos la salvación.

Asunción

Al igual que en la Inmaculada Concepción, en la Asunción las celebraciones litúrgicas y la devoción popular jugaron un papel tan importante como el de la reflexión teológica. La fiesta se celebraba en Roma desde el siglo VII; en las iglesias orientales se celebraba desde dos siglos antes. Los teólogos también hicieron una articulación del dogma. Sostenían que, dado que Dios quiere lo más apropiado para la Madre de su unigénito y dado que ella lo concibió virginalmente y no sufrió corrupción alguna al darlo a luz, ¿no era acaso apropiado que fuera recibida también en el cielo sin sufrir la corrupción de la muerte? Además, si Cristo se había adelantado para prepararle un lugar a sus apóstoles y demás creyentes, ¿cuánto más lo habría hecho para su propia Madre?

El Papa Pío XII declaró oficialmente a la Asunción un dogma de la fe católica en la constitución apostólica de *Munificentissimus Deus* (1950):

> Nosotros, por tanto, después de humildemente y repetidamente rezar a Dios y apelar al Espíritu de la Verdad por la gloria del Dios Todopoderoso, quien ha mostrado un gran y particular amor para la Virgen María, por el honor de su Hijo, el Rey de las eras inmortales y el vencedor del pecado y de la muerte, por el aumento de la gloria de su madre, por la alegría y exaltación de toda la Iglesia, por la autoridad de nuestro Señor Jesucristo, de los bienaventurados apóstoles Pedro y Pablo, y por nuestra propia autoridad, pronunciamos, declaramos y definimos como un dogma divinamente revelado: la Inmaculada Madre de Dios, María siempre Virgen, terminado el curso de su vida en la tierra, fue asumida en cuerpo y alma a la gloria del cielo.

Las circunstancias de esta proclamación tuvieron dos aspectos importantes. Al igual que en el caso de la Inmaculada Concepción, tuvo lugar en un momento de mucho fervor mariano en la Iglesia y por parte de un Papa conocido por su devoción mariana, como lo demuestra el que Pío XII consagrara a todo el mundo al Inmaculado Corazón de María en 1942. Además, para el Papa Pío XII, la destrucción y la desacralización que había sufrido el cuerpo humano durante la Primera y Segunda Guerra Mundial parecía indicar que era un momento particularmente apropiado para hacer una definición formal de la Asunción, pues la creencia de que María había sido asunta en cuerpo y alma confirmaba la dignidad del cuerpo humano y su destino final en la resurrección, de acuerdo con el plan eterno de Dios.

Es fácil notar que los tres dogmas marianos previamente discutidos son afirmados una vez más e implícitamente en la definición formal de la Asunción. Pero otros temas quedan aún indefinidos: ¿María fue asunta al cielo después de la muerte, como sostiene una importante oración litúrgica que data del siglo VIII o sin haber probado la muerte? y ¿cómo se llevó a cabo su asunción? Se han ofrecido diversas propuestas para responder a estas preguntas a lo largo de los siglos, respuestas que la definición formal de la Asunción no resolvió. Lo que está claro, como lo confirma el *Catecismo de la Iglesia Católica*, es que María "fue llevada en cuerpo y alma a la gloria de la resurrección de su Hijo" (núm. 974).

Sin embargo, lo más importante es que, como en la Inmaculada Concepción, la Asunción dice algo sobre María que, de una manera ejemplar, es la voluntad de Dios para todo ser humano. El dogma de la Asunción confiesa nuestra fe en que, lo que Dios ha hecho con una de sus creyentes, María, es el fin prometido a todos los que mueren en la paz de Cristo. Como explica de forma sucinta el *Catecismo de la Iglesia Católica*: "La Asunción de la Santísima Virgen constituye una participación singular en la Resurrección de su Hijo y una anticipación de la resurrección de los demás cristianos" (núm. 966). María es la primera de los redimidos y un signo para todos nosotros de que Dios nos creó para llegar a la resurrección de los cuerpos y a la vida eterna. Confesamos esto en la liturgia, durante el Prefacio de la Misa para la fiesta de la Asunción: "Porque hoy ha sido llevada al cielo la Virgen, Madre de Dios; ella es figura y primicia de la Iglesia que un día será glorificada; ella es consuelo y esperanza de tu pueblo, todavía peregrino en la tierra" hacia nuestra verdadera patria celestial.

Conclusión

Los cuatro dogmas marianos de la Iglesia católica romana son un reflejo de las principales enseñanzas bíblicas sobre María y el discipulado cristiano. Su título "Madre de Dios" es un eco de textos como el saludo de Isabel a "la madre de mi Señor" (*Lc* 1,43). Su virginidad perpetua es una extensión de los relatos evangélicos que hablan de cómo Jesús nace de una virgen. La Inmaculada Concepción resuena en el saludo del ángel Gabriel cuando la declara llena de gracia (*Lc* 1,28) y es también una prolongación de algunos pasajes del Antiguo Testamento como el de la llamada de Jeremías: "—Antes de formarte en el vientre te elegí, antes de salir del seno materno te consagré" (*Jer* 1,5). La Asunción confirma nuestra convicción de que Cristo resucitado es "el primer fruto ofrecido a Dios, el primero de los que han muerto" (1 *Cor* 15,20). Su resurrección revela que, como María, todos los redimidos un día estarán unidos en cuerpo y alma con Dios, y desde ese momento "estaremos siempre con el Señor" (1 *Ts* 4,17).

Los dogmas marianos también son reflexiones que parten de la Biblia sobre María como modelo de discipulado y de la humanidad redimida. Al profesar esos dogmas entramos más profundamente en el Misterio de la salvación, el cual es iluminado por ellos. No conocemos todos los detalles biográficos de la vida de María sobre la tierra, pero a través de estos dogmas sabemos que, desde su concepción llena de gracia hasta su valerosa aceptación de la llamada de Dios y su participación en cuerpo y alma en la resurrección de Jesús, ella es el ideal cristiano al que todos nosotros debemos aspirar. Los dogmas marianos nos invitan a alabar a Dios por el don de María y la gracia salvadora de Dios en su vida. Lo que creemos de María, lo creemos por extensión también de nosotros mismos como creyentes cristianos. Como virgen y Madre de Dios, es un ejemplo de nuestra llamada a hacer la voluntad de Dios y ser discípulos fieles, ya sea en la vida dentro del matrimonio o en la castidad de la vida religiosa o del laico soltero. Su Inmaculada Concepción y Asunción son signos de nuestro origen y destino: juntos revelan la abundancia del amor y gracia de Dios dados con absoluta liberalidad a cada uno de nosotros, incluso desde antes que naciéramos, revelando la promesa de la resurrección del cuerpo, que es el designio de Dios para todos los seres humanos que fueron creados solo por amor.

Textos para estudiar y meditar

Catecismo de la Iglesia Católica (núms. 487–511, 966, 974). Disponible en línea en www.vatican.va.

Preguntas para reflexionar y discutir

1. ¿Quién ha sido la persona en tu vida que te ha enseñado más sobre la Virgen María y su importancia en nuestra vida? ¿Qué aprendiste?

2. ¿Cuál creencia sobre María te parece la más importante para nuestra fe católica?
3. ¿Cuáles son las principales enseñanzas sobre María que nos dan los cuatro dogmas marianos?
4. ¿Cómo nos motivan los cuatro dogmas marianos a vivir la fe cristiana hoy en día?

3

María en la enseñanza contemporánea del Magisterio

El Concilio Ecuménico Vaticano II, reunión de los obispos de todo el mundo en Roma de 1962 a 1965, fue el primer concilio de la Iglesia que ofreció una doctrina sistematizada de María. Los padres del concilio presentaron la existencia llena de gracia de María en relación con Cristo y con la Iglesia. Los últimos Papas han seguido desarrollando estas enseñanzas y han animado a los fieles a profundizar en la devoción a nuestra Madre María. Los Papas Pablo VI y Juan Pablo II escribieron cartas pastorales dedicadas a María. Las enseñanzas del Magisterio reciente sobre María profundizan nuestra comprensión de las enseñanzas fundamentales contenidas en los Evangelios y en los cuatro dogmas marianos.

Concilio Vaticano II: la Santísima Virgen María, Madre de Dios, en el misterio de Cristo y de la Iglesia

Tres meses después de su elección como Papa, Juan XXIII anunció que iba a convocar un concilio ecuménico para renovar a la Iglesia y hacer que respondiera mejor a las exigencias y retos del mundo moderno. Otro de los fines del concilio fue promover una mayor unidad entre los cristianos. Los dieciséis documentos del Vaticano II se centran sobre todo en la eclesiología o teología de la Iglesia. Estos documentos nos enseñan cómo la Iglesia se entiende a sí misma, cómo entiende su vida y culto, y su relación con el mundo moderno, las diversas culturas y otras religiones. Es importante notar, sin embargo, que el Vaticano II no es solo una colección de documentos, sino un evento eclesial de particular relevancia que influyó profundamente a los obispos que participaron en el, además de a numerosas personas, católicos y no católicos.

Las contribuciones de los obispos y de otros líderes de la Iglesia en la preparación y primera sesión del concilio tuvieron un efecto particularmente decisivo en lo que éste afirma sobre María. El personal del Vaticano recibió sugerencias para el concilio por parte del 85% de los obispos, superiores de órdenes religiosas y otros líderes eclesiales de todo el mundo. El Papa y sus asesores crearon comisiones preparatorias en 1960 para filtrar estos materiales recibidos y preparar borradores para la primera sesión del concilio. Cuando los obispos se reunieron para la apertura del concilio en 1962, los textos provisionales para una constitución sobre la Iglesia y otro documento sobre María estaban ya preparados. Éstos iban a ser los puntos de partida para las deliberaciones.

La primera discusión importante sobre María tuvo lugar en la segunda sesión del concilio, durante el otoño de 1963. Pero los obispos no discutieron directamente el esquema del borrador que había sido preparado para un documento sobre María. En lugar de ello, se hicieron una importante pregunta: ¿María debería tratarse en un documento aparte o debería estar dentro de la constitución sobre la Iglesia? El tema fue causa de una de las votaciones más discutidas de todo el concilio con un resultado final de 1,114 votos a favor de incluir a María en la constitución sobre la Iglesia y 1,074 que preferían que se tratara en un documento aparte. Así, el borrador original del documento sobre María se envió nuevamente al comité y se incorporó al borrador de la "Constitución dogmática sobre la Iglesia" (*Lumen gentium*).

El lugar donde se encuentra la presentación sobre María en los documentos del concilio, por tanto —en el octavo capítulo de la *Lumen gentium*—es en sí una afirmación importante sobre la doctrina del Vaticano II acerca de María. Los capítulos anteriores de *Lumen gentium* hablan de otros miembros de la Iglesia: los obispos, los religiosos, los laicos y los santos. El capítulo sobre María viene después del capítulo sobre los santos, para hacer énfasis en la convicción de que tanto los que han muerto como los vivos comprenden el Pueblo de Dios. De esa forma, María es presentada, como lo dice claramente el título del octavo capítulo, como la "Madre de Dios en el misterio de Cristo y de la Iglesia".

El contenido de este capítulo subraya aún más la relación de María con Cristo y su relación con la Iglesia. Después de una breve introducción (núms. 52–54), presenta una visión general de María en la Biblia, especialmente de su papel en la historia de la Salvación (núms. 55–59); una sección central sobre su relación con Cristo y con la Iglesia (núms. 60–65); y una sección final sobre la devoción mariana (núms. 66–67). La conclusión del capítulo (y de la misma *Lumen gentium*, núms. 68–69) proclama a María como un signo de esperanza para la Iglesia peregrina sobre la tierra: ella ha sido salvada, ella está ahora con Dios en el cielo y en ella vemos la esperanza y el destino de todos los fieles.

El principal énfasis sobre María en la *Lumen gentium* es su papel como modelo de discípulo y de la Iglesia. María es un miembro preeminente de la Iglesia, pero es también un ser humano como nosotros que necesita salvación (núm. 53). Ella es la "Madre del Redentor", pero es también "redimida de modo eminente, en previsión de los méritos de su Hijo" (núm. 53). Su vida fue una peregrinación de fe que nos muestra el camino a la gloria celestial (núms. 56–59). Es presentada como una figura de la Iglesia, la cual está llamada a imitar su fe, caridad, unión con Cristo, maternidad, virginidad y sus virtudes (núms. 63–65). Nuestra devoción a ella se debe centrar en su culto a través de la liturgia. Debemos también recordar que honramos de manera auténtica a María cuando imitamos sus virtudes y su estilo de vida. Ella intercede por nosotros, pero sigue estando en el corazón de la Iglesia y, como nosotros, sus oraciones se dirigen a Dios (núms. 62, 69). María es la primera de los redimidos, que se ha adelantado a nosotros que todavía estamos en la Iglesia realizando nuestra peregrinación terrena y así "en la tierra precede con su luz al peregrinante Pueblo de Dios como signo de esperanza cierta y de consuelo hasta que llegue el día del Señor" (núm. 68). En resumen, la enseñanza de *Lumen gentium* sobre María tiene al menos cinco elementos:

(a) Habla de María en el contexto de la historia de la Salvación, explicando el papel particular que desempeñó en esta.

(b) Es una enseñanza claramente cristocéntrica, sobre todo porque subraya que Cristo es el único mediador entre los seres humanos y Dios.

(c) Ofrece una visión eclesial de María, contemplándola desde el interior del misterio de la Iglesia.

(d) Presenta a María con sensibilidad ecuménica, es decir, en una forma abierta a cristianos que no son católicos.

(e) Es escatológica, es decir, habla de las últimas realidades y del final de los tiempos, sobre todo, en los comentarios conclusivos sobre María, la discípula redimida que es una esperanza luminosa para los cristianos que están todavía en medio de su peregrinación terrena.

El Papa Pablo VI y la renovación de la devoción mariana

El Papa Pablo VI fue nuestro Santo Padre de 1963 a 1978. Su enseñanza más amplia sobre María, la exhortación apostólica *Marialis cultus* (1974), abordó el tema del estado y práctica de la devoción mariana como lo indica el subtítulo: "Para la recta ordenación y desarrollo del culto a la Santísima Virgen María". Pablo VI recordó a los católicos que "la piedad de la Iglesia hacia la Santísima Virgen es un elemento intrínseco del culto cristiano" (núm. 56). Además decidió promover una renovación de la piedad mariana que fuera apta para los tiempos actuales, pero fiel a la Tradición de la Iglesia.

Las tres secciones más importantes de esta exhortación apostólica presentan el plan pastoral del Papa para revitalizar la devoción mariana. En primer lugar, presenta el lugar de María en la liturgia de la Iglesia, observando que "las más altas y las más límpidas expresiones de la piedad hacia la bienaventurada Virgen han florecido en el ámbito de la Liturgia o han sido incorporadas a ella" (núm. 15). Esta parte del documento es una meditación teológica sobre María en la liturgia católica, incluyendo su papel en las liturgias de Adviento y Navidad, en las fiestas marianas, en las conmemoraciones litúrgicas de determinadas imágenes marianas, en las celebraciones optativas como las Misas de Nuestra Señora los sábados y en las plegarías eucarísticas de la Misa. Pablo VI adelanta la contemplación de María como modelo de la Iglesia en oración, notando su apertura y atención a la voz y voluntad de Dios, su ejemplo al presentar a Dios ofrendas y su propia vida, su profundo sentido de asombro y maravilla ante el misterio de Dios en su vida, y su unión con Cristo su Hijo; todo lo mencionado son disposiciones espirituales que constituyen un modelo para los cristianos, especialmente para cuando oramos en común en la liturgia. Estas meditaciones les recuerdan a todos los católicos que la participación activa en la Eucaristía y en otras liturgias —incluyendo orar y meditar en los textos litúrgicos que hablan de María— es el mejor modo en que podemos honrar a María y expresar nuestra devoción a ella.

La segunda sección de la exhortación apostólica aborda el tema de renovar la devoción popular a María. El punto de partida es que la piedad mariana "ha tomado formas diversas según las circunstancias de lugar y tiempo, la distinta sensibilidad de los pueblos y su diferente tradición cultural" (núm. 24). Nos anima a todos a renovar y crecer en nuestra devoción personal a María en relación con Cristo, la Iglesia y la Trinidad. Cuatro son los criterios que deben guiar esta renovación de la piedad mariana y la creación de nuevas devociones: lo bíblico, litúrgico, ecuménico y lo antropológico. Las expresiones marianas de fe no solo deben utilizar los pasajes bíblicos que hablan de María, sino también deben estar profundamente enraizados en los principales temas de la salvación contenidos en la revelación bíblica. Estas deben nacer y llevar a la gente a la Eucaristía y a otras liturgias, y estar en armonía con los diversos tiempos litúrgicos, especialmente los periodos de Adviento y Navidad, en los que la liturgia tiene una particular presencia de María. En tercer lugar, la piedad mariana no debe estorbar a los esfuerzos por alcanzar una mayor unidad entre cristianos de diferentes tradiciones eclesiales. Desde el punto de vista antropológico, la devoción mariana debe tener en cuenta los nuevos desarrollos sociales, especialmente el nuevo papel que la mujer asume en la sociedad. Pablo VI insistió en que María "fue algo del todo distinto de una mujer pasivamente remisiva" (núm. 37) y que

> la figura de la Virgen no defrauda esperanza alguna profunda de los hombres y mujeres de nuestro tiempo y les ofrece el modelo perfecto del discípulo del Señor: artífice de la ciudad terrena y temporal, pero peregrino diligente hacia la celeste y eterna; promotor de la justicia que libera al oprimido y de la caridad que socorre al necesitado, pero sobre todo testigo activo del amor que edifica a Cristo en los corazones. (núm. 37)

La sección final de *Marialis cultus* invita a practicar dos devociones marianas muy consolidadas: el Rosario y el Ángelus. Esta última es una oración que conmemora la encarnación de Cristo y se hace tradicionalmente a las 6:00 de la mañana, a mediodía y a las 6:00 de la tarde. Pablo VI subraya que estas dos devociones cumplen con todos los criterios que hacen auténtica una devoción mariana. Invita vivamente a que se asegure tanto su continuidad como, donde sea necesaria, su adaptación a los tiempos y circunstancias actuales. Viendo la devoción mariana y la liturgia como complementarias, sostiene que "la piedad a la Santísima Virgen, de modo subordinado a la piedad hacia el Salvador y en conexión con ella, tiene una gran eficacia pastoral y constituye una fuerza renovadora de la vida cristiana" (núm. 57).

El Papa Juan Pablo II: la Madre del Redentor y el Rosario

Como su predecesor Pablo VI, el Papa Juan Pablo II fue también un ardiente promotor de la devoción mariana, en particular del Rosario. En su mensaje del Ángelus el 29 de octubre de 1978, solo dos semanas después de haber comenzado su pontificado, dijo:

> El Rosario es mi oración predilecta [...]. Se puede decir que el Rosario es en cierto modo un comentario-oración sobre el capítulo final de la constitución *Lumen gentium* del Vaticano II, capítulo que trata de la presencia admirable de la Madre de Dios en el misterio de Cristo y de la Iglesia. En efecto, con el trasfondo de las Avemarías pasan ante los ojos del alma los episodios principales de la vida de Jesucristo.

Durante todo su mandato como Papa, fue evidente su devoción y fidelidad al Rosario.

Puso a prueba esta fidelidad cuando un asesino atentó contra su vida el 13 de mayo de 1981. El Papa atribuyó el haber escapado la muerte a la intercesión de Nuestra Señora de Fátima, cuya primera aparición a tres niños pequeños tuvo lugar en la misma fecha del 13 de mayo en Fátima, Portugal en 1917. En el primer aniversario del atentado, Juan Pablo II visitó el Santuario de Fátima para ofrecer oraciones y dar gracias. Por otra parte, sus visitas a otros sitios de peregrinación mariana también son bien conocidas, especialmente a la Basílica de Nuestra Señora de Guadalupe en México. Es importante señalar que durante los más de 26 años como Papa, frecuentemente animó a los jóvenes y a otros católicos a rezar el Rosario y a practicar otras devociones marianas. Incluso, como Papa declaró un año mariano (1987–1988) y el año del Rosario (2002–2003). En estas dos ocasiones promulgó los dos documentos marianos más importantes de su pontificado: la encíclica *Redemptoris Mater* (La Madre del Redentor, 1987) y la carta apostólica *Rosarium Virginis Mariae* (El Rosario de la Virgen María, 2002).

La encíclica del Papa *Redemptoris Mater* está dividida en tres partes que reflejan tres principales temas de la teología mariana: su relación con el misterio de Cristo, su lugar en el corazón de la Iglesia peregrina y su papel como mediadora. Es significativo que el esquema siga la misma estructura y contenido del capítulo 8 de *Lumen gentium*, documento del Vaticano II. La *Redemptoris Mater* es un rico compendio de muchos temas de los que ya hemos hablado en este libro, tal como el testimonio de los Evangelios sobre María de Nazaret, su existencia llena de gracia desde el momento de su concepción, su fe madura, su maternidad llena de amor, su ejemplo de vida cristiana virtuosa, su íntima relación con la Iglesia desde su inicio en Pentecostés y a lo largo de los siglos, e igualmente la necesidad de acercarse a ella teniendo en mente las exigencias del ecumenismo.

En diversos pasajes, Juan Pablo II ofrece agudas reflexiones que clarifican el significado y las implicaciones de la enseñanza tradicional. Por ejemplo, *Redemptoris Mater* resume los distintos modos en que María está presente en los diversos pueblos y culturas que abraza la Iglesia, desde las devociones privadas hasta los santuarios públicos y "centros como Guadalupe, Lourdes, Fátima y de los otros diseminados en las distintas naciones" (núm. 28). Así, pone en relación el papel de María como Madre de la Iglesia con las expresiones de la fe y la devoción católicas. De manera similar, afirma que "el amor preferencial [de la Iglesia] por los pobres está inscrito admirablemente en el Magníficat de María" (núm. 37). Juan Pablo explica que el Magníficat nos invita tanto a imitar la humildad de María como la apertura de corazón propia de los "pobres de Yahvé" y viviendo en los diversos ministerios eclesiales la "opción en favor de los pobres" (núm. 37) que vivieron Jesús y María.

Recalcando la enseñanza de su predecesor Pablo VI en su reflexión sobre María, el Papa Juan Pablo II anima a rezar el Rosario, diciendo bellamente que "recitar el Rosario, en efecto, es en realidad contemplar con María el rostro de Cristo" (*Rosarium Virginis Mariae*, núm. 3). Explica también los muchos beneficios del Rosario, incluyendo su capacidad para favorecer la contemplación de los misterios cristianos, para ayudar a los cristianos a buscar la santidad, para interceder por la causa de la paz y para unir y fortalecer a las familias. Para hacer que los misterios del Rosario incluyeran también la vida y ministerio público de Jesús, propuso ampliar los Misterios Gozosos, Dolorosos y Gloriosos que ya existían con los misterios que él llamó "misterios de luz" (Misterios Luminosos):

1. el Bautismo de Jesús en el Jordán;
2. la automanifestación de Jesús en las bodas de Caná;
3. su proclamación del Reino de Dios, con su llamada a la conversión;
4. su Transfiguración;
5. la institución de la Eucaristía (núm. 21).

Declarando al Rosario como una rica tradición devocional e invitando a los católicos a participar cada vez con mayor frecuencia y reverencia en esta tradición, concluye que actualmente en la Iglesia el Rosario es "un tesoro a recuperar" (cf. subtítulo del núm. 43).

Conclusión

Los textos de los Papas Pablo VI y Juan Pablo II, y el capítulo sobre María en el documento del Concilio Vaticano II, *Lumen gentium*, tienen sus raíces en fuentes que ya hemos estudiado ampliamente: los Evangelios y los cuatro dogmas marianos. La aportación más importante de *Lumen gentium* fue la atención que prestó a la relación entre María y la Iglesia, un tema abordado en los escritos de los Santos Padres de la Iglesia, pero que no se había examinado antes de manera sistemática en la enseñanza oficial de la Iglesia. Por su parte, en sus respectivos escritos sobre María, Pablo VI y Juan Pablo II siguieron desarrollando esta reflexión. Al subrayar que María es un modelo y miembro preeminente de la Iglesia, el Vaticano II y la enseñanza de estos Papas complementaron el enfoque cristológico evidente en los Evangelios y en las controversias de los primeros siglos de la Iglesia sobre el título *Theotokos*. En una palabra, la principal preocupación doctrinal de la Iglesia sobre María era su relación con Cristo; el Concilio Vaticano II, Pablo VI y Juan Pablo II confirmaron la enseñanza de los primeros siglos y se dieron a la tarea de examinar de una manera más sistemática a María en relación con la Iglesia. Aunque los Papas Benedicto XVI y Francisco no han dedicado una carta apostólica específicamente a María, ambos han seguido exhortándonos a acercarnos a Cristo y a la Iglesia a través de María. El Papa Francisco dijo en una homilía de la Santa Misa en la Solemnidad de Santa María, Madre de Dios: "Nuestro camino de fe está unido de manera indisoluble a María desde el momento en que Jesús, muriendo en la cruz, nos la ha dado como Madre [...] La Madre del Redentor nos precede y continuamente nos confirma en la fe, en la vocación y en la misión" (2014).

Textos para estudiar y meditar

1. Concilio Vaticano II, *Lumen gentium* (*Constitución dogmática sobre la Iglesia*), 1964, capítulo 8, "La Santísima Virgen María, Madre de Dios, en el misterio de Cristo y de la Iglesia" (núms. 52–69). Disponible en línea en www.vatican.va.

2. Pablo VI, *Marialis cultus* (Para la recta ordenación y desarrollo del culto a la Santísima Virgen María), 1974. Disponible en línea en www.vatican.va.

3 Juan Pablo II, *Redemptoris Mater* (Sobre la Bienaventurada Virgen María en la vida de la Iglesia peregrina), 1987. Disponible en línea en www.vatican.va.

Preguntas para reflexionar y discutir

1. ¿Cuál imagen de la Virgen María expresa mejor la idea que tienes de ella? ¿Qué significa esta imagen para ti?

2. ¿Cuál texto sobre María que aparece en el capítulo 8 de *Lumen Gentium* te llama más la atención? ¿Por qué?

3. ¿Cuáles son los puntos clave que el Magisterio contemporáneo de la Iglesia nos enseña sobre María?

4. ¿De qué forma nos animan las enseñanzas del Magisterio contemporáneo sobre María a vivir nuestra fe cristiana?

4

María en la devoción, la liturgia y la comunión de los santos

Los santos nos recuerdan que la razón de nuestra existencia es aspirar a ser también santos. María es la primera en la comunión de los santos, que nos acompaña en nuestro camino desde la tierra hasta nuestra verdadera casa en el cielo. En este camino, los santos nos ayudan sobre todo de dos formas: (a) son modelos de santidad a los cuales estamos llamados a imitar y (b) son intercesores que ruegan a Dios por nosotros. En nuestros primeros tres capítulos examinamos las enseñanzas católicas fundamentales sobre María. En este capítulo, analizaremos nuestra llamada a venerar a María, por un lado, con nuestras prácticas de devoción y a través de la liturgia y, por otro, imitando su santidad en nuestra vida cotidiana.

Devoción

A los católicos a menudo se nos pregunta sobre nuestra devoción a María. Algunos incluso critican nuestro amor a ella y hacen preguntas como: ¿los católicos le tienen más devoción a María que a Jesús? La respuesta se encuentra en el *Catecismo de la Iglesia Católica*, que claramente explica cómo nuestra devoción a María "aunque del todo singular, es esencialmente diferente del culto de adoración que se da al Verbo encarnado, lo mismo que al Padre y al Espíritu Santo, pero lo favorece muy poderosamente" (núm. 971). Además, la pregunta de a quién amamos más presupone que Jesús y María son dos individuos aislados que compiten entre sí por nuestra devoción. Eso es falso. Jesús y María están íntimamente unidos. Jesús siempre honró a su Madre y María siempre nos invita a contemplar a su Hijo. Como católicos creemos que amar al Hijo es amar a la Madre y amar a la Madre es amar al Hijo.

Otras personas preguntan si los católicos creen que María es necesaria para la salvación. La respuesta también es no. Nosotros creemos que solo Jesucristo es necesario para la salvación. Pero esa es solo parte de la respuesta. Tambien creemos que el amor de Dios por nosotros es tan grande, que Él no se limitó a lo que era necesario. ¿Acaso un papá que da a sus hijos casa y comida dice "mi amor consiste en darles lo que necesitan"? No. Su amor se demuestra cuando da a sus hijos, no solo lo que necesitan para vivir, sino también su guía, su afecto, su propia vida.

Una de las cosas más bellas de la vida son los regalos que no son necesarios. Estos demuestran la abundancia del amor por nosotros. Por tanto, cuando Dios envió a Jesús para redimirnos, no nos dio lo mínimo indispensable. Sino que Él envió a Jesús como Dios hecho hombre para que nos acompañara en todas las alegrías y tristezas de la vida. Y Dios no se detuvo ahí:

le dio a Jesús una madre llena de amor que es también nuestra madre, un regalo mucho más grande porque Dios no necesitaba hacer las cosas de esa forma. Dios envió a su Hijo único y nos dio a nuestra Madre María para mostrarnos la abundancia de su amor por nosotros. Nuestra devoción a María no nos aleja de su hijo Jesús. Más bien esta devoción expresa nuestra gratitud a ella y a Dios que nos ama tanto, que fue mucho más allá de lo que era necesario para nuestra salvación.

Por tanto, no debe sorprendernos que la devoción a María haya sido parte de la fe cristiana desde los inicios de la Iglesia. Los católicos hemos tenido una devoción mariana más grande en algunos periodos de la historia que en otros. Después del Concilio de Éfeso en 431, cuando María fue proclamada *Theotokos*, por ejemplo, hubo más fiestas marianas y sermones sobre ella, y hubo hermosas iglesias prácticamente en todas las grandes ciudades que se dedicaron a la *Theotokos*. La devoción a María también floreció durante la Edad Media. Esta es la época en que se extendió el rezo del Rosario; el sábado comenzó a estar dedicado a María; se pidió a todos los católicos que aprendieran el avemaría; se compusieron letanías marianas como las famosas letanías de Loreto; y se escribieron antífonas marianas como la *Salve Regina*. Las peregrinaciones marianas y los informes de visiones y apariciones de María fueron más frecuentes y se presentaron en más lugares. En tiempos más recientes, las apariciones y devociones marianas han llegado a ser incluso más variadas y diversas, como lo demuestran las muchas imágenes presentes en América Latina.

Es importante notar que la Iglesia no obliga a los católicos a creer en las apariciones o en algún otro tipo de revelaciones privadas. De hecho, el *Catecismo de la Iglesia Católica* advierte que estas revelaciones "no pertenecen al depósito de la fe. Su función no es la de 'mejorar' o 'completar' la Revelación definitiva de Cristo, sino la de ayudar a vivirla más plenamente en una cierta época de la historia" (núm. 67). Al mismo tiempo, algunas de estas revelaciones "han sido reconocidas por la autoridad de la Iglesia" (núm. 67). El criterio clave que el Magisterio utiliza para examinar las revelaciones privadas es saber si estas hacen que los fieles se acerquen más a Cristo y si son coherentes con el Evangelio y las enseñanzas de la Iglesia. Aquellas apariciones de María que cumplen con todos estos criterios han enriquecido la oración y la devoción de muchos católicos.

Las expresiones de devoción a María—letanías, cantos, oraciones, procesiones, peregrinaciones, consagraciones, el Ángelus—son muchas como para hablar de todas aquí. Pero, por supuesto, las oraciones marianas más extendidas son el Rosario y el avemaría. El Rosario es una oración familiar; una oración para honrar a María y pedirle su intercesión; una oración por la paz. Pero en esencia el Rosario es, como nos recuerda el *Catecismo de la Iglesia Católica*, una oportunidad para meditar en los misterios de Cristo, de forma que podamos crecer "hacia el conocimiento del amor del Señor Jesús, a la unión con Él" (núm. 2708). Cuando rezamos el Rosario, se nos invita a meditar en los misterios de Cristo: misterios de gozo, de dolor, de gloria y los misterios a los que el Papa Juan Pablo II llamó, "misterios de luz". El *Catecismo* también enseña que en el avemaría y en todas las oraciones marianas "se alternan habitualmente dos movimientos: uno 'engrandece' al Señor por las 'maravillas' que ha hecho en su humilde esclava, y por medio de ella, en todos los seres humanos (*Lc* 1,46–55); el segundo confía a la Madre de Jesús las súplicas y alabanzas de los hijos de Dios, ya que ella conoce ahora la humanidad que en ella ha sido desposada por el Hijo de Dios" (núm. 2675). Así, el avemaría expresa bellamente las dos formas en que los católicos rezan a María. La primera respuesta a nuestra Madre María es venerarla y darle gracias a Dios por ella. Nuestra otra respuesta es pedirle que interceda por nosotros ante Dios.

Liturgia

El avemaría, el Rosario y otras devociones nos llevan a apreciar más el papel fundamental de María en la liturgia católica. Nuestras oraciones eucarísticas abarcan invocaciones a María y peticiones de su intercesión. Las principales fiestas marianas como la Inmaculada Concepción (8 de diciembre), María Madre de Dios (1 de enero), la Anunciación (25 de marzo), la Asunción (15 de agosto), la Natividad de María (8 de septiembre) y Nuestra Señora del Rosario (7 de octubre) son ocasiones en que los grandes misterios de la fe de María, su santidad y singular participación en la historia de la Salvación son reconocidas por la Iglesia en su culto público. No sorprende que el *Catecismo de la Iglesia Católica* diga: "la Santísima Virgen es un elemento intrínseco del culto cristiano" (núm. 971). La Iglesia nos enseña que si de verdad amamos a María nuestra Madre, la honraremos participando dignamente en la Eucaristía durante sus muchas fiestas esparcidas a lo largo del calendario litúrgico.

Muchas de estas celebraciones del año son sumamente únicas y especiales para algunos grupos culturales. Por ejemplo, para los hispanos, María es conmemorada de manera especial en las celebraciones litúrgicas de las imágenes marianas de cada país. La fiesta de este tipo más extendida en los Estados Unidos es la de Nuestra Señora de Guadalupe, el 12 de diciembre. Se trata de maravillosas oportunidades para integrar en el culto de la parroquia las expresiones de devoción de las personas, como el tributo musical de las mañanitas, que en muchas parroquias precede a la Misa de la fiesta por la mañana. Hay otras devociones que acompañan a los tributos musicales, como el rezo del Rosario, las lecturas de la Escritura y los testimonios y meditaciones sobre la Virgen de Guadalupe. El ofrecimiento de flores por parte de los fieles expresa su amor y gratitud a su Madre. También se ofrecen bailes sagrados llamados "matachines", algunas veces incluso dentro de la celebración eucarística—durante la procesión de entrada, la presentación de las ofrendas o después de la Comunión.

Para muchos devotos, el centro de la experiencia de Guadalupe es repetir el encuentro íntimo y místico que tuvo san Juan Diego con su madre celestial. Así, uno de los elementos más importantes para tener una fiesta en honor de la Virgen de Guadalupe en una parroquia es contar con un espacio atractivo donde los fieles puedan acercarse a su Madre. Una tradición común tenida a menudo al final de la Eucaristía es que los fieles vayan pasando ante la imagen de la Virgen de Guadalupe y le ofrezcan rosas junto con sus oraciones.

Sin embargo, algunos párrocos y encargados de liturgia argumentan que las devociones populares a la Virgen de Guadalupe solo conducen a momentos aislados de piedad, los cuales a menudo no llevan a la gente a una conversión profunda y duradera, o a una verdadera participación en la vida de la Iglesia. Un sacerdote con más de medio siglo de experiencia en el ministerio hispano decía que muchos devotos parecen estar "encadenados" a su "atracción a la Virgen de Guadalupe como una fuente de favores" y prestan poca atención a vivir el discipulado y la evangelización que la Virgen pidió a Juan Diego y que pide ahora a todos sus devotos. Las devociones populares carentes de un verdadero fervor ponen ante nuestros ojos un reto para las celebraciones de la fiesta de Nuestra Señora de Guadalupe: la tendencia de los fieles a centrarnos en los favores que la Virgen nos concede y no en el estilo de vida al que ella nos invita.

Lo ideal de las celebraciones marianas populares es que el gran amor de los fieles lleve a éstos a la liturgia y a imitar la vida de santidad y evangelización de san Juan Diego y, todavía más importante, a imitar también la vida de santidad de María. Un predicador en la fiesta de Guadalupe, el P. Allan Figueroa Deck, SJ, observó que la relación entre la Virgen de Guadalupe y sus fieles "es simplemente la de una madre llena de amor que literalmente prodiga sus cuidados y atenciones a sus hijos necesitados". Deck sostiene que esta es solo la mitad del significado de Guadalupe, pues "la historia del Tepeyac", como las narraciones de los Evangelios de la Anunciación y la Visitación, "muestra gráficamente el papel central que tiene en la vida cristiana el amor y el servicio". Invitando a los fieles a llevar a la práctica su gratitud por los regalos de Dios que son la Virgen de Guadalupe y la Eucaristía, concluyó: "Ante este ejemplo y llenos de este amor, ¿cuál va a ser nuestra respuesta a los demás, sobre todo, a los más necesitados?".

Comunión de los santos

El *Catecismo de la Iglesia Católica* nos enseña que "la comunión de los santos es precisamente la Iglesia" (núm. 946). La Iglesia está formada por la comunión del Pueblo de Dios en tres estados de vida: los que estamos aquí sobre la tierra y todavía peregrinamos hacia nuestra verdadera casa en el cielo; los que están en el purgatorio y que están siendo purificados para poder entrar al cielo; y los santos que ya están alabando a Dios en la gloria del cielo. Estamos unidos con los santos a través de la comunión de la Iglesia. Ellos nos recuerdan que nuestro destino, nuestro fin en la vida, es que también nosotros estamos llamados a ser santos. Nos invitan a seguirlos a la gloria del cielo. Nosotros lo hacemos tanto pidiendo su intercesión como esforzándonos por parecernos a ellos. El P. Deck nos recuerda que no es suficiente venerar a María, debemos también imitar su santidad y fidelidad a Dios. Junto con nuestra devoción, nuestra responsabilidad para con ella y para con todos los santos es que los amemos tanto que busquemos parecernos a ellos. Ellos son nuestros guías en el camino hacia la salvación y María es la santa guía más importante de todos.

Los santos de Latinoamérica son ejemplos luminosos de santidad. Santa Rosa de Lima, la primera persona nacida en América en ser canonizada, es conocida por su austera vida de oración y su gran solicitud por los pobres. San Martín de Porres, del actual Perú, es recordado también por estas virtudes. Aunque no se le permitió ordenarse sacerdote a causa de un prejuicio hacia las personas de raza mixta, su valor para enfrentar el racismo sigue inspirando a muchas personas en nuestros días. San Pedro Claver fue un sacerdote español en Colombia, que se convirtió en el patrono de los esclavos debido a que dedicó toda su vida al servicio de los africanos que vivían en esclavitud. San Juan Diego en México fue un indígena recién convertido cuya gran fe en el mensaje de Nuestra Señora de Guadalupe le permitió convertirse en evangelizador de su pueblo. El santo arzobispo Óscar Romero de El Salvador nos ofrece un ejemplo de cómo luchar por los pobres y por la justicia en el nombre de Dios en tiempos de conflictos violentos.

También los hispanos de los Estados Unidos tienen a varias personas que se encuentran actualmente en proceso de canonización. El beato Carlos Manuel Rodríguez Santiago es conocido en su país, Puerto Rico, por sus virtudes, su amor a la liturgia, sus traducciones al español de los rituales católicos y su compromiso por instruir a los demás sobre los sacramentos, especialmente sobre la Eucaristía. Uno de sus admiradores lo recuerda como un "hombre normal, que dedicaba su tiempo a enseñar a otros el nombre y la forma de vida de Jesús". Es el primer laico nacido en territorio estadounidense en ser beatificado. El P. Félix Varela y Morales, cubano, se encuentra entre los declarados venerables, esto es, el paso previo a la beatificación. Cuando el régimen español lo condenó a muerte en 1823 por haber apoyado la independencia cubana, huyó a Nueva York y trabajó como párroco y posteriormente fue Vicario General. Es reconocido tanto por su dedicado servicio pastoral en Nueva York como por ser un precursor del pensamiento a favor de la independencia cubana. En 2015 el Papa Francisco canonizó al san Junípero Serra, O.F.M., el primer hispano canonizado que servía en América del Norte. San Junípero es reconocido por dejar a su familia y dar su vida entregándose al apostolado entre los indígenas de California.

Vale la pena estudiar la vida de los santos para conocerlos mejor y poder imitar sus virtudes y ejemplo, y muy especialmente la vida de María, la más santa de los santos. El *Catecismo de la Iglesia Católica* dice que el cristiano "reconoce en la Bienaventurada Virgen María la figura y la fuente de esa santidad" (núm. 2030) que la Iglesia enseña a sus miembros y que "la Virgen María es el modelo supremo" (núm. 273) de fe, esperanza, y caridad. Su primera característica es su obediencia en la fe. María pone primero la voluntad de Dios y así ella es "la realización más perfecta" (núm. 144) de la obediencia en la fe.

El *Catecismo* también nos enseña que María es nuestro modelo de oración. En la Anunciación su *fiat*, "He aquí la esclava del Señor, hágase en mí según tu palabra" (*Lc* 1,38) es la expresión que mejor sintetiza la oración cristiana: "ser todo de Él, ya que Él es todo nuestro" (núm. 2617). Su presencia en Pentecostés une su oración con la formación y bienestar de la Iglesia. Su poder como intercesora se revela en Caná (*Jn* 2,1–12) cuando "ruega a su Hijo por las necesidades de un banquete de bodas" (núm. 2618). Y su cántico, el *Magnificat*

(*Lc* 1,46–55), es un profundo resumen de la oración bíblica. Como dice el *Catecismo*, esta oración "es a la vez el cántico de la Madre de Dios y el de la Iglesia, cántico de la Hija de Sión y del nuevo Pueblo de Dios, cántico de acción de gracias por la plenitud de gracias derramadas en la Economía de la salvación, cántico de los 'pobres' cuya esperanza ha sido colmada con el cumplimiento de las promesas" de Dios (núm. 2619).

María es nuestro modelo de santidad y discipulado. Su ejemplo de castidad y fidelidad se ofrece a esposos y esposas, hombres solteros y mujeres solteras. Su *fiat* no fue un acto pasivo de sumisión, sino una cooperación activa con la iniciativa divina y una valiente aceptación de una llamada llena de riesgos y que exigía intrepidez. Ella hizo un largo viaje y dio a luz en un establo; fue testigo de cómo degollaron a los inocentes; huyó como una refugiada a una tierra extraña; se maravilló ante la sabiduría de su pequeño niño, lo siguió y creyó en él como uno más de sus discípulos; sufrió la agonía de su crucifixión; y permaneció firme en su fe durante el nacimiento de la Iglesia en el cuarto de arriba en Pentecostés. Como hemos visto en nuestro estudio de los Evangelios, María fue bendecida no solo por ser Madre de Cristo, sino también porque fue un discípulo activo y lleno de fe. María es modelo de fe, esperanza y caridad que nos llama a imitar su fidelidad, su apertura a la voluntad de Dios, su entrega como discípulo y su firme propósito de servir a Dios y a su prójimo.

Conclusión

Cuando pensamos en María, a menudo lo hacemos viendo en ella a nuestra madre. Muchos de nosotros nos parecemos a nuestras mamás, incluso sin darnos cuenta. El amor que nuestras mamás nos dedicaron deja su huella en nosotros. El P.

David García, de la diócesis de San Antonio, Tejas, expresó de una manera muy bella esta idea en una de sus homilías:

> A medida que avanzamos en la vida, recordamos lo que nuestras mamás nos dijeron cuando éramos niños. Guardamos muchas de sus ideas, muchos de sus valores, mucho de su forma de ver el mundo. A menudo sentimos su presencia cuando debemos afrontar una decisión difícil, una tragedia, una crisis, un nuevo reto. Las ideas de ella que están en nosotros nos guían para hacer lo correcto cuando enfrentamos una decisión difícil.

El P. García concluyó esta homilía recordándonos que María "es nuestra madre. Y hay algo de nuestra madre en nosotros". La razón por la que pasamos tiempo de oración con María, la razón por la que rezamos con ella en la liturgia, la razón por la que tratamos de aprender más sobre ella, es para crecer en nuestra relación con ella y parecernos a ella cada vez más. Hay algo de nuestra Madre María en todos nosotros. Que Dios nos ayude a abrazarnos a María como nuestra madre para que podamos parecernos cada vez más a ella.

Textos para estudiar y meditar

Catecismo de la Iglesia Católica, núms. 144, 273, 967–975, 2030, 2617–2622, 2673–2682, 2708. Disponible en línea en www.vatican.va.

Preguntas para reflexionar y discutir

1. ¿Cómo has tratado de imitar las virtudes de la Virgen María en tu vida? ¿Cómo puedes imitar aún más su santidad?

2. ¿Cómo rezas a la Virgen María y le pides que interceda por ti? ¿Cómo te gustaría que se hiciera más profunda tu relación con ella en el futuro?

3. ¿Qué es lo más importante que has aprendido sobre María en la devoción y en la liturgia?

4. ¿Quién es tú santo favorito o santa favorita? ¿Cuáles son las virtudes más características de este santo?

5

María en la espiritualidad hispana

Hace varios años fui a la Misa del 70.° aniversario de matrimonio de Doña Manuela y Don José, una pareja que se había casado en medio de la Revolución Mexicana. Después de la Comunión, Doña Manuela llevó a su esposo que estaba en silla de ruedas a un altar de Nuestra Señora de Guadalupe que se encontraba al costado de la iglesia. Tomó la mano de su esposo y miró a los ojos de la Virgen de Guadalupe. "Virgencita linda", comenzó mientras abría su alma y le daba las gracias por su familia, sus gozos, sus bendiciones y su ayuda en las dificultades a lo largo de todos esos años. Su larga oración se interrumpía con una letanía compuesta por ella misma que incluía invocaciones como "tú que eres la madre de todos; tú que nunca nos abandonas; tú que nos acompañas en nuestros dolores". Lo que más recuerdo es la forma en que terminó su oración. Le dijo a la Virgen que había tratado de ser la mejor madre que pudo, pero que pronto su esposo y ella ya no iban a estar en este mundo. Entonces le pasó a ella la responsabilidad de su propia maternidad: "Yo he sido la madre de esta familia por unos pocos años, pero tú eres la madre de todos por siempre. Cuida a estos tus hijos cuando Dios me llame de este mundo".

La hermosa oración de Doña Manuela nos permite comprender la profunda devoción de los hispanos a María, sobre todo en las muchas imágenes y santuarios que ellos veneran. Nuestra Señora de Guadalupe es la más conocida y es la patrona de América. Pero cada país de habla hispana en América Latina y el Caribe, junto con Brasil que es de habla portuguesa, tiene una advocación de la Virgen como patrona. En este último capítulo vamos a analizar el tesoro de la devoción mariana de los pueblos hispanos. También vamos a explorar diversas formas en que podemos entender y profundizar en la espiritualidad hispana a la luz de todo lo que hemos aprendido de María en la tradición católica más amplia.

María en Latinoamérica

Cada país en América Latina y el Caribe tiene sus propias expresiones de devoción mariana y su propia historia sobre cómo su imagen mariana se convirtió en la patrona del país. Se puede tomar, por ejemplo, cómo la advocación de Nuestra Señora de la Caridad del Cobre cobró tanta importancia en Cuba. Su devoción creció a inicios del siglo XVII en la localidad minera de El Cobre. El Monarquía Española confiscó las minas y la administración de los esclavos que trabajaban en ellas en 1670. Estos cambios fueron apoyados por los mismos esclavizados porque implicaban para ellos más libertad para gobernar su comunidad y su vida cotidiana. En 1687, Juan Moreno "el negrito de La Caridad" dio el primer testimonio documentado de los orígenes de la devoción. Explicó que, alrededor de 1612 cuando tenía 10 años, él y dos hermanos indios, Rodrigo y Juan de Hoyos, encontraron la imagen con la inscripción "Yo soy la Virgen de la Caridad" en la Bahía de Nipe.

Los tres devotos tuvieron a la imagen por milagrosa porque fue encontrada flotando en el agua, pero no estaba mojada y porque unas luces misteriosas llevaron a las autoridades a entender que Nuestra Señora de la Caridad quería que se le edificara un santuario cerca de las minas donde trabajaban los esclavos. Pronto sus fieles atribuyeron muchos milagros a su intercesión. Los soldados cubanos que lucharon por la independencia del país durante el siglo XIX, buscaron su protección, llamándola "la Virgen Mambisa". Los veteranos de la Guerra de Independencia se reunieron en 1915 en El Cobre para agradecerle su intercesión y para celebrar la fiesta de Nuestra Señora de la Caridad el 8 de septiembre. Ese mismo año pidieron al Papa Benedicto XV que la nombrara oficialmente patrona de Cuba, cosa que les concedió al año siguiente. Los exiliados cubanos conservan esta devoción en los Estados Unidos, especialmente en la Ermita de la Caridad, en Miami, un Santuario de Nuestra Señora de la Caridad que fue dedicado en 1973.

Quizás la imagen más conocida en las Américas es Nuestra Señora de Guadalupe. Como muchos ya saben, el *Nican mopohua* narra los encuentros entre la Virgen de Guadalupe y el indio san Juan Diego, canonizado en 2002 por Juan Pablo II. Con complejos y poéticos detalles, este texto escrito en náhuatl relata la historia bien conocida de los encuentros, llenos de ternura, entre Juan Diego y la Virgen, quien le mandó pedir a Juan de Zumárraga, primer obispo de México, que construyera una iglesia en su honor, en la cerro de Tepeyac. Al inicio, el obispo dudó del origen celestial de la petición, pero salió de su incredulidad cuando Juan Diego le presentó unas hermosas flores cosechadas fuera de temporada y la imagen de la Virgen impresa milagrosamente en su tilma.

La devoción a Nuestra Señora de Guadalupe se ha difundido durante casi cinco siglos, primero en todo México y después por toda América y más allá. La Basílica de Nuestra Señora de Guadalupe, en la Ciudad de México, es el lugar de peregrinación más visitado en el continente americano. Después de Jesús de Nazaret, su imagen es la más reproducida en la iconografía sagrada del hemisferio occidental. Actualmente, los santuarios católicos dedicados a ella en las Américas están tan al sur como Santa Fe, en Argentina, y tan al norte como Johnstown, en la isla de Cape Breton, en Nueva Escocia, Canadá. En su exhortación apostólica de 1999, *Ecclesia in America*, el Papa Juan Pablo II confirmó y promovió la devoción Guadalupana. Por una petición unánime de los obispos del hemisferio occidental, proclamó a la Virgen de Guadalupe "Madre y Evangelizadora de América", desde Tierra del Fuego hasta las regiones más septentrionales de Canadá y estableció que la fiesta del 12 de diciembre "se celebre en todo el Continente" (núm. 11).

El Papa Francisco ha seguido la misma línea hablando de la Virgen de Guadalupe en relación con todas las Américas. En un mensaje para la fiesta de Guadalupe, dijo que la aparición de la Virgen a Juan Diego:

> muestra lo que América—Norte y Sur—está llamada a ser: una tierra donde los diferentes pueblos se reúnan; una tierra preparada para aceptar la vida humana en cualquier etapa, desde el seno materno hasta la vejez; una tierra que acoge a los inmigrantes, y a los pobres y marginados de cualquier edad. Una tierra de generosidad. Ese es el mensaje de Nuestra Señora de Guadalupe y es también mi mensaje a la Iglesia. Pido a la gente de América que

abra cuanto pueda sus brazos, como la Virgen, con amor y ternura.

Este mensaje es muy pertinente para el momento actual— el de la madre que cuida y ve por sus hijas e hijos en movimiento. Nuestra Señora de Guadalupe y Nuestra Señora de la Caridad del Cobre son solo dos ejemplos de las muchas y bellas tradiciones marianas de Latinoamérica. Nuestra Señora de la Altagracia es venerada en la República Dominicana como "la primera evangelizadora de las Américas", pues ha estado asociada con el primer lugar en el Nuevo Mundo en que los católicos españoles trataron de difundir la fe. Nuestra Señora de Copacabana es venerada entre los pueblos quechua y aymara como patrona de Bolivia y como "Reina de los Incas". Como el famoso santuario mariano de Lourdes, en Francia, muchas importantes imágenes de Latinoamérica están asociadas con la Inmaculada Concepción, como Nuestra Señora de los Milagros de Caacupé, en Paraguay; Nuestra Señora de Aparecida, en Brasil; y, en Nicaragua, Nuestra Señora de la Inmaculada Concepción de El Viejo. Las imágenes marianas de los países en el continente americano con sus respectivos días de fiesta incluyen los siguientes:

Enero 21: Nuestra Señora de la Altagracia (República Dominicana)
Febrero 3: Nuestra Señora de Suyapa (Honduras)
Mayo 8: Nuestra Señora de Luján (Argentina)
Julio 9: Nuestra Señora del Rosario de Chiquinquirá (Colombia)
Julio 16: Nuestra Señora del Carmen de Maipú (Chile)
Agosto 2: Nuestra Señora de los Ángeles (Costa Rica)
Agosto 5: Nuestra Señora de Copacabana (Bolivia)

Agosto 15: Nuestra Señora de Antigua (Panamá)
Septiembre 8: Nuestra Señora de la Caridad del Cobre (Cuba)
Septiembre 11: Nuestra Señora de Coromoto (Venezuela)
Septiembre 24: Nuestra Señora de la Merced (Perú)
Octubre 7: Nuestra Señora del Rosario (Guatemala)
Octubre 12: Nuestra Señora de Aparecida (Brasil)
Noviembre 19: Nuestra Señora de la Divina Providencia (Puerto Rico)
Noviembre 21: Nuestra Señora de la Presentación de Quinche (Ecuador)
Noviembre 21: Nuestra Señora de la Paz (El Salvador)
Segundo domingo de noviembre: Nuestra Señora de los Treinta y Tres (Uruguay)
Diciembre 8: Nuestra Señora de la Inmaculada Concepción de El Viejo (Nicaragua)
Diciembre 8: Nuestra Señora de los Milagros de Caacupé (Paraguay)
Diciembre 8: Inmaculada Concepción (Estados Unidos)
Diciembre 12: Nuestra Señora de Guadalupe (México)

No tenemos tiempo para estudiar la historia de todas estas tradiciones marianas, pero recomiendo investigar sobre las imágenes de María en los diversos países, especialmente si hay gente de ese país en su parroquia o comunidad de fe. Las diversas advocaciones marianas pueden celebrarse con letanías creativas, otras oraciones o en homilías. Otra práctica recomendada es un altar o una procesión con las diversas imágenes de María veneradas por los fieles de la parroquia. Esto se puede hacer en una fiesta mariana más "general", como la Asunción o la Inmaculada Concepción. Incluso en comunidades donde la fiesta de Nuestra Señora de Guadalupe es la más popular, el esfuerzo por incrementar el aprecio por otras ricas tradiciones marianas de Latinoamérica y el Caribe es altamente recomendable.

María en la espiritualidad hispana

Las imágenes de María y la devoción de los hispanos son profundas expresiones de la fe católica. Estas forman a los fieles en una espiritualidad que hace hincapié en el amor entre María, Jesús y todos nosotros en la familia de Dios. Como los obispos católicos de los Estados Unidos dijeron en su *Plan Pastoral Nacional para el Ministerio Hispano* de 1987, "Los hispanos encuentran a Dios en brazos de la Virgen María [. . .] . Los santos, nuestros hermanos y hermanas que ya han completado su vida en el seguimiento de Jesús, son ejemplos e instrumentos de la revelación de la bondad de Dios por medio de su intercesión y ayuda. Todo esto hace que la espiritualidad de los hispanos sea un hogar de relaciones vivas, una familia, una comunidad" (núm. 94).

Durante el tiempo de Adviento y Navidad tiene lugar una constelación de devociones hispanas que forjan unos vínculos familiares más profundos entre Jesús, María y nosotros los creyentes. Se debe observar que todas estas expresiones de fe llevan a los fieles a una experiencia más profunda e íntima del amor entre María y su hijo Jesús. Las posadas son una tradición familiar o barrio en la que los participantes acompañan en procesión a la Virgen María que está encinta y a su esposo José en su camino a Belén. La "acostada" y "levantada" del Niño y los "nacimientos" colocados en las casas de los latinos expresan la devoción de estos por el nacimiento de Jesús a través de su Madre María. Aunque no se practica tanto como en generaciones pasadas, otra popular expresión de fe son los "pastores", una proclamación festiva de los pastores que rinden culto en presencia de su Madre al Niño Jesús recién nacido. También hay otras tradiciones relacionadas con la visita de los Magos a la Sagrada Familia, como la tradición puertorriqueña de las "parrandas", que a menudo consiste en una visita de los Reyes Magos a las casas del propio barrio. En celebraciones como estas, todos los fieles reviven juntos el misterio del nacimiento de Cristo y se adentran en el vínculo madre-hijo que se encuentra en el corazón de dicho misterio.

Para los latinos, el Viernes Santo tampoco tiene que ver solo con Jesús, sino también con su Madre María y con el amor que existe entre ellos dos, un amor que la muerte no puede destruir. Después de la crucifixión, la presencia de María se hace más fuerte, cuando los creyentes dirigen su atención a la Madre Dolorosa que llora a su Hijo colocándolo en la tumba después de haber muerto. La liturgia oficial de la Iglesia católica romana no prevé ceremonia alguna para recordar la sepultura de Jesús o la presencia de María después del Calvario, pero las expresiones de fe hispanas reviven estos hechos. En algunos lugares, una procesión con velas acompaña a María y al cuerpo crucificado de su hijo por las calles alrededor de la iglesia. El pésame que se da a María a menudo incluye testimonios de madres de familia y de otros miembros de la comunidad que han perdido a seres queridos. De esta forma, unen su sufrimiento al de ella. El Viernes Santo pone a los fieles en contacto con el sacrificio de Jesús, pero también con la agonía de María presenciando la pasión de su Hijo, con su fortaleza como mujer de fe y con su amor de madre por todos.

La importancia de la relación inseparable entre Jesús y María en la espiritualidad hispana es evidente en una experiencia que le escuché a un sacerdote hace varios años. Cuando era todavía un joven sacerdote, fue nombrado párroco de una gran comunidad hispana. El primer domingo en ella notó que había poca gente en Misa y preguntó a una de las personas dónde estaban todos. La respuesta fue que muchos habían ido a la casa de un anciano miembro de la parroquia porque "tiene los santos en su garaje". Al parecer, el párroco anterior había quitado las estatuas de los santos que estaban en la iglesia, argumentando que quería que la gente se centrara más en el altar donde se celebraba la Eucaristía y que se volviera más "cristocéntrica". El anciano había conseguido permiso del párroco para venerar a los santos en su garaje. Cuando el nuevo párroco supo esto, fue a la casa del anciano y se hizo su amigo. Comenzó a celebrar la Misa en el garaje algunos domingos y después organizó con su amigo anciano una procesión por el barrio con las estatuas de los santos para llevarlas de vuelta a sus nichos originales en la iglesia.

Desde entonces, la asistencia a Misa fue mucho mayor y muchos fieles expresaron su aprecio por el gran trabajo que estaba haciendo su nuevo párroco. Un domingo, después de Misa, dos señoras se le acercaron en la puerta de la iglesia y le dijeron que estaban muy contentas con sus homilías tan motivadoras, su trabajo con los jóvenes y por haber devuelto a los santos a la iglesia. Ante ello, el joven sacerdote se sintió un poco apenado, pues al recibir estas alabanzas, indirectamente el monseñor que había sido párroco antes que él, estaba siendo criticado por haber quitado las estatuas. Entonces les dijo a las mujeres: "Saben, monseñor tenía razón. Ésta es una iglesia católica y se supone que debemos estar centrados en Cristo y en la Santa Eucaristía. Se supone que debemos ser cristocéntricos". La respuesta de las señoras fue respetuosa, pero firme: "Claro padre, usted tiene toda la razón. Pero si la iglesia es cristocéntrica, Cristo tiene que estar al centro de algo, ¿qué no? Cuánta pena nos da pensar que al cerrar usted el templo en la noche, Cristo se queda solito allá en la cruz. Ahora se ve mejor. Allá está el Señor en medio de su Madre y sus amigos. Ya está al centro de la familia de Dios que son los santos".

Estas mujeres hablaron desde el rico depósito de la espiritualidad hispana y de la devoción a María y a los santos. Nos enseñan que los hispanos tienen un profundo sentido de vida familiar y esto abarca tanto a los de la tierra como a los del cielo: santos y antepasados que caminan junto con nosotros en las luchas del presente y que lo seguirán haciendo con las futuras generaciones.

Este enfoque nos permite ver cómo la devoción hispana a Jesús y María es reflejo en el fondo de una determinada visión de la persona humana y de su dimensión comunitaria. Todo ello configura la vida espiritual de los hispanos. En la cultura moderna se hace énfasis en el individuo autónomo; pero la tendencia entre los hispanos es a acentuar las relaciones como aquella entre Jesús y María. Este énfasis nos permite conocer una visión alternativa de lo que es el ser humano. Numerosos dichos en español subrayan la convicción de que la persona se hace y se conoce profundamente a través de sus relaciones, como la expresión popular "dime con quién andas y te diré quién eres". Como un feligrés hispano comentó: "Nosotros los hispanos no podemos conocer a alguien si no conocemos a su familia. Las primeras preguntas que hacemos cuando conocemos a alguien siempre son: '¿de dónde vienes?' y '¿quién es tu familia?'".

Esta dimensión comunitaria es muy evidente en las devociones marianas de los hispanos. Por ejemplo, en las celebraciones del Viernes Santo el individuo en cuanto tal, así como el éxito y la realización personal, no son tan importantes como caminar en unión con tu familia o comunidad en tiempo de agonía. Se conoce con anticipación el terrible destino que espera a Jesús y a María. Como las condolencias que los hispanos utilizan en un velorio o en un funeral diciendo a aquellos que han perdido a un ser querido, "te acompaño en tus sentimientos", lo que importa el Viernes Santo es sobre todo acompañar fielmente a Jesús y a María en su dolor. Los fieles caminan con Jesús y María hacia el Gólgota (el Calvario) y se introducen en el círculo familiar íntimo que forma el vínculo de la Madre con el Hijo. Los fieles hispanos acompañan a Jesús y a María en la oración, particularmente durante las horas oscuras del Viernes Santo. Lo hacen con la inquebrantable confianza en que Jesús y María también los acompañan a ellos en sus luchas.

La misma María que acompañó a Jesús en su nacimiento, vida, muerte y glorificación ha acompañado a los pueblos de Latinoamérica durante los últimos cinco siglos. Nuestra Señora de la Caridad del Cobre acompañó a los esclavos en El Cobre y los sostuvo en la convicción de que su humanidad no se definía por su condición de sometimiento, sino por su dignidad como hijos de una Madre tan llena de bendiciones. Ha acompañado a los exiliados cubanos durante la larga separación de su querida patria. Del mismo modo, Nuestra Señora de Guadalupe acompañó a Juan Digo y lo invitó a un encuentro gracias al cual cayó en la cuenta de que no era simplemente un indio de la clase inferior, sino un discípulo y un evangelizador. En su estudio sobre la Virgen de Guadalupe en la vida de las mujeres méxico-americanas, la teóloga Jeanette Rodriguez comenta que, cuando le preguntó a una mujer indígena en México por qué su gente es más devota de la Virgen de Guadalupe que de cualquier otra advocación mariana, la mujer simplemente contestó: "porque se quedó". Como esta mujer, muchos devotos católicos nos sentimos atraídos a la Virgen de Guadalupe y a otras imágenes porque vemos a alguien que siempre ha estado con nosotros y con nuestro pueblo. Vemos a una Madre que nunca nos va a abandonar y en quien podemos volcar todas las preocupaciones de nuestro corazón. Lo que más importa, no es que nuestras oraciones sean siempre escuchadas en la manera que queremos, sino que vemos en María el rostro de alguien que nos cuida, y de alguien que siempre quiere escucharnos. En una palabra, lo que vemos en su rosto es fidelidad, a una madre y a una presencia que nunca nos abandona.

Así es la Virgen María. Que Dios nos conceda la gracia de crecer en gratitud por el gran don de nuestra Madre querida y de ofrecer nuestro agradecimiento por vivir como sus fieles hijos e hijas. Y como dice el canto popular, rezo con ustedes a nuestra Madre: "¡Ven con nosotros, a caminar, Santa María ven!"

Textos para estudiar y meditar

María en Latinoamérica: El recorrido de la siempre fiel. Liguori, MO: Liguori Publications, 2005.

Preguntas para reflexionar y discutir

1. ¿Cuál imagen latinoamericana de la Virgen María conoces más? ¿Cuáles son las creencias y tradiciones populares relacionadas con esa imagen?

2. ¿Cuáles tradiciones de Jesús y María has practicado? Por ejemplo, la Navidad, el Viernes Santo, las Posadas, acostado del Niño, el Vía crucis o el Pésame. ¿Qué significan estas tradiciones para ti?

3. Estudia una imagen latinoamericana de la Virgen María que no conoces. Puedes buscarla en un libro, en internet o con un compañero que ya la conozca. ¿Cuáles son

las creencias y tradiciones populares relacionadas con esa imagen?

4. ¿Cómo se relacionan María y Jesús en la espiritualidad hispana? ¿Cómo enriquece María la espiritualidad hispana?

5. En este libro hemos estudiado temas fundamentales sobre María: María en los Evangelios, en los dogmas marianos, en la enseñanza contemporánea del Magisterio, en la devoción, la liturgia, la comunión de los santos y en la espiritualidad hispana. Resumiendo lo que has aprendido, ¿cuáles son los puntos más importantes sobre María que tú crees todo católico debe saber? ¿Cómo se explica o cómo se aplica a nuestra vida diaria cada uno de esos puntos?

Timoteo Matovina es profesor y director del departamento de teología en la Universidad de Notre Dame. Ha dado presentaciones sobre temas pastorales y teológicos en muchos institutos pastorales, diócesis y programas de formación. El tema principal de su trabajo es católicos latinos, especialmente sus tradiciones religiosas, teología, historia, y ministerio pastoral. Sus numerosas publicaciones incluyen 20 libros, varios de ellos premiados. Tres de sus libros anteriores son en español: *Ministerio Hispano: Una introducción, Catolicismo Latino: La transformación de la Iglesia en Estados Unidos* y *Camino a Emaús: Compartiendo el ministerio de Jesús*. Los estudiantes hispanos de Notre Dame le han honrado con el Premio Julián Samora, la cual se presenta a un profesor muy entregado al pueblo latino.